신천지
이단옆차기

신천지 이단옆차기
백상현 지음

초판발행	2020년 6월 15일
발 행 처	국민일보사
발 행 인	변재운
등록번호	제1995-000005호
주 소	서울시 영등포구 여의공원로 101
전 화	02.781.9036
이 메 일	kukmin277@naver.com
I S B N	978-89-7154-343-6

· 값은 뒤표지에 있습니다.
· 저자와의 협약에 의해 인지는 생략합니다.
· 이 책은 저작권법에 의해 보호받는 저작물이므로 무단 전재와 복제를 금합니다.

신천지
이단옆차기

백상현 지음

국민일보

진리의 반석 위에 굳건히 서길 기도합니다

이영훈 | 여의도순복음교회 위임목사

한국의 기독교는 약 140년의 짧은 역사 가운데 세계 교회가 주목할 만큼 놀라운 성장과 발전을 해왔습니다. 하지만 빛이 있으면 어둠이 있듯이 수많은 이단 교회들이 생겨났고 이단에 빠진 성도의 수도 늘어나고 있습니다. 그중에서도 가장 많은 문제를 일으키며 한국 교회와 사회에 피해를 주고 있는 이단 중의 하나가 바로 신천지입니다. 저들을 경계하는 목소리는 늘 있어왔지만 창궐하는 전염병처럼 신천지는 은밀하게 계속 확산되었고 우리의 느슨한 방역 시스템으로는 퇴치하기가 쉽지 않았습니다.

2020년 드디어 때가 왔습니다. 중국 우한에서 시작된 신종 코로나바이러스감염증(코로나19)이 전 세계로 급속하게 확산되는 가운데 우리나라에서는 조금 특이한 현상이 나타났습니다. 코로나19 확산 초기에 신천지 집단에서 슈퍼전파자가 나오고 유독 신천지와 관련된 환자들이 폭증함으로써 신천지 집단의 비행들이 언론을 통해 낱낱이 폭로된 것입니다. 신천지에 대한 국민들의 비난이 쇄도하자 마침내 신격화된 교주 이만희가 공개석상에서 사죄하게 되었고 그 장면이 생방송으로 보도되었습니다. 저들의 이단 교리와 민낯이 만천하에 드러나게 된 지금이야말로 신천지를 퇴치해야할 바로 그때입니다.

코로나19가 확산되어 극심한 피해가 발생한 것은 심히 안타깝고 가슴 아픈 일이지만 다른 나라들에 비하여 상대적으로 환자와 사망자가 적게 발생한 것은 질병관리본부와 의료진의 헌신 그리고 국민 모두가 방역활동에 적극 협조하고 우리 성도들이 합심하여 기도한 덕분이라 생각합니다.

성령의 역사를 훼방하는 영적 전염병을 퇴치하기 위해 하나님께서 현실의 전염병을 도구로 사용하신 것은 아닌지 묵상할 때입니다. 그리고 이번 기회를 놓치지 말고 신천지를 뿌리뽑아야 한다는 주님의 음성을 우리 모두 경청해야 합니다. 그리하여 한국 기독교계 전체가 합심하여 신천지에 대한 방역교육을 강화하고 신천지에 빠져있는 불쌍한 영혼들을 구원하기 위해 더욱 노력하고 집중적으로 기도해야 하겠습니다.

이 책은 현직 기자가 신천지의 실태와 포교 방법 그리고 신천지에 의한 폐해를 전문적인 시각으로 분석한 것으로 신천지가 왜 이단이며 그들의 교활한 전략에 교회와 성도들이 어떻게 대처해야 할지를 명료하게 보여주고 있습니다. 교회와 가족 그리고 이웃들을 신천지로부터 보호하고 건강하고 바른 신앙관을 지키고자 하는 모든 분들, 특히 목회자와 신학생들에게 이 책을 추천합니다. 한국교회가 하루 속히 신천지 문제에서 벗어나 진리의 반석 위에 더욱 굳건히 서게 되길 기도합니다.

추천

한국교회의 사명과 신앙인의 자세

오정현 | 사랑의교회 담임목사

어느 날 우리를 찾아온 신종 코로나바이러스감염증(코로나19) 사태는 개인과 교회와 사회에 엄청난 자국을 남겼고 커다란 변화를 일으켰습니다. 우리는 주일 예배를 온라인으로 드리는, 한국교회사에서 전무한 일을 경험했습니다. 그러나 역사의 커튼을 걷어보면 모든 것이 하나님의 섭리 안에 있음을 깨닫게 됩니다.

사도 바울은 '이방인을 위한 사도'라는 영광스러운 별명을 갖고 있었지만, 이 위대한 사도도 가시가 있었습니다. 바울은 "나를 쳐서 너무 자만하지 않게 하려 하심"(고후 12:7)이라고 가시의 이유를 설명했습니다. 바울은 가시에 찔려 은혜를 알고 가시에 찔려 오히려 하나님의 권능을 체험했습니다. 인생 가시를 인생 은혜로 삼았습니다.

우리는 신천지예수교증거장막성전 신도들의 집단감염으로 한국사회에 확산된 코로나19라는 '가시'를 어떻게 바라봐야 할까요. 영적으로 더 온전한 인격으로 빚으시고 주님의 심정을 더 깊이 깨닫게 하시려는 하나님의 섭리, 인생의 은혜로 삼아야 할 것입니다.

한국교회를 공격하는 대표적인 이단인 신천지의 활개는 복음의 순수성을 다시 찾고 탄탄한 교리교육에 매진하라는 메시지, 교회의 각성을 촉구하는 분명한 메시지라 할 수 있습니다.

교회는 이제라도 무릎 꿇어 교회 마룻바닥을 눈물로 적셨던 믿음의 선진들처럼 함께 말씀을 나누며 나라와 민족의 치유, 회복을 위해 간절한 마음으로 기도해야 합니다. 이단의 공격을 철저하게 막아내고 한국교회 제3 부흥을 간구해야 합니다.

마침 국민일보 백상현 기자가 <신천지 이단옆차기>로 사이비 종교집단의 실체와 대처방안을 아주 효과적으로 제시했습니다. 이 책이 교회를 보호하고 건강하게 만드는 데 기여했으면 좋겠습니다.

피 흘림 없는 복음적 평화통일, 세계선교의 마무리는 한국교회의 사명입니다. 그 길에 신천지의 공격은 복음의 순수성을 더욱 선명하게 하는 계기가 되고 있습니다. 신천지의 교회 공격, 코로나19 사태 역시 전화위복의 계기가 될 것입니다. 하나님의 은혜를 기억하고 인도하심을 기대하면서 낙타 무릎으로 그 어느 때보다 간절히 나아갈 때입니다.

다시 한번 귀한 책을 출간하고 양질의 기사를 통해 조국교회 보호에 앞장서는 백상현 기자님과 국민일보 임직원께 감사의 말씀을 드립니다.

신천지 사태의 희생양이 될 뻔한 한국교회

소강석 | 새에덴교회 담임목사

우리나라는 코로나19의 위기에 맞서 선제적 방역을 참으로 잘했다. 그런데 대구 신천지 집단감염 사태가 발생하면서 전 국민이 패닉상태에 빠졌다. 신천지라는 이단·사이비 집단의 비상식적 행태 때문에 온 국민이 긴장하고 불안에 떨어야 했다. 더 유감스러운 것은 일반 언론에서 신천지와 기존 교회를 구분하지 않고 유사한 것으로 보도한 것이다. 진실이 아닌 것도 반복해 주장하면 국민들이 그렇게 이해하게 되고 의식화된다.

특히 대중들은 위기 상황이 발생하면 희생양을 찾게 돼 있다. 만약에 코로나19 위기 속에서 신천지 사태에 대해 적절하게 대응하지 못했다면 하마터면 한국교회가 희생양이 될 뻔했다. 그런데 그 위기 속에서 가장 한국교회를 대변하고 보호했던 언론이 국민일보다. 그리고 국민일보에서도 신천지 사태 이후에 가장 정확한 팩트 체크와 심층 취재, 공적 마인드를 가지고 신천지의 실체와 전략, 문제점을 보도한 분이 백상현 기자다.

백상현 기자는 명실상부한 한국교회 최고의 신천지 전문기자다. 그는 마치 예리한 검을 든 검투사처럼, 신천지의 실체와 문제점을 신랄하게 파헤치고 본색을 드러나게 한다. 그 어떤 이단도 한국교회와 사회에 발을 못 붙이도록 지키고 방어하며 꽃밭을 가꾸는 정원사 역할도 한다. 그가 국민일보를 통하여 이단으로부터 한국교회를 지키고 보호하는 역할을 한 것을 생각하면 목회자의 한 사람으로서 너무 감사하다.

그가 쓴 <신천지 이단옆차기>라는 책은 한국교회 뿐만 아니라 우리 사회에 엄청난 폐해를 끼치고 있는 신천지의 실체와 전략, 문제점을 쉽고 명료하게 알려주는 교과서와 같은 책이다. 누구나 이 책을 한 번만 읽으면 절대로 신천지의 유혹에 넘어가지 않고 방어할 수 있을 것이다. 한국교회 모든 목회자와 성도들이 반드시 한 번은 읽어야 할 필독서다.

신천지는 코로나19 이후에 더 교묘한 전략으로 한국교회를 넘어뜨리기 위해 접근할 것이다. 그래서 더더욱 한국교회 목회자와 성도들은 신천지의 실체와 전략을 정확하게 알고 경계해야 한다. 앞으로 이 책이 한국교회와 성도들을 지키는 최고의 전략서가 되기를 바라며 꼭 한 번 읽을 것을 추천한다.

신천지의 간교한 포교방법

진용식 | 한국기독교이단상담소협회장

신천지 집단은 국내 이단 중 최다 신도를 자랑하는 집단이다. 짧은 기간에 가장 빨리 불어난 집단이기도 하다. 1950년대에 발생한 통일교는 신천지보다 30년 먼저 시작되었지만, 현재 국내에 3만 여명의 신도가 있다. 통일교보다 30여년 늦은 1984년에 시작된 신천지는 30만 명으로 불어났다.

통일교와 신천지 집단은 교리적으로는 거의 유사하다. 70% 이상이 같은 교리이다. 통일교와 유사한 교리를 가진 신천지는 어떻게 단기간에 이렇게 많은 신도를 미혹할 수 있었을까. 그것은 신천지 집단의 간교한 포교방법 때문이었다.

신천지 집단의 포교방법은 그동안의 이단들이 사용하지 않은 사기 포교로서 그 수법의 간교하고 악랄함이 말로 할 수 없을 정도이다. 기성교회에 소위 추수꾼을 파송해서 간첩 활동을 하는가 하면 온갖 연기와 모략으로 성도들을 포섭하여 미혹했다.

신천지 집단의 이러한 사기 포교를 경험해보지 않은 한국교회는 당황하였고 속수무책으로 당할 수밖에 없었다. 은밀하게 활동하는 신천지 집단의 사기 포교를 알 수가 없었기 때문이다.

한국교회 목회자들과 성도들은 아직도 신천지 집단의 간교한 사기 포교 수법을 다 파악하지 못하고 있다. 이러한 신천지 집단 피해 현장을 뛰며 취재하여 그 교리와 사기 포교 내용을 폭로하는 사역을 통하여 한국교회의 이단 대처에 큰 역할을 했던 사람이 백상현 기자다.

이번에 발간한 백상현 기자의 <신천지 이단옆차기>는 저자가 직접 현장에서 경험한 신천지 집단의 사기 포교 수법을 생생하게 폭로하고 아주 실제적인 대안을 제시하고 있다. 이단 신천지의 피해가 심각한 한국교회에 신천지 예방 교육용 교재로 탁월하게 사용될 것이다. 목회자와 평신도, 이단 대처 사역자들에게 크게 유익한 책이라고 생각되어 강력히 추천한다.

프롤로그

2000년대 들어서면서 한국교회 안에 나타난 우려스러운 현상은 신천지예수교증거장막성전의 등장이다. 신종 코로나바이러스감염증(코로나19) 사태에서 볼 수 있듯 이들의 문제는 한국사회의 문제로 대두됐다. 거짓말을 천연덕스럽게 하는 밀교, 사교 성향의 종교집단은 이혼, 가출, 학업 포기, 실직 등을 넘어서 국민 안전을 위협하는 바이러스를 확산시키는 결정적 역할을 했다.

이들은 과거 시한부 종말론 집단과 달리 기업 경영기획실, 보험영업소에서 사용하는 목표 관리, 리스크 관리, 대상자 분석 등 경영기법을 도입해 사회관계망서비스(SNS)를 통해 일사불란하게 지령을 내리고 매뉴얼대로 문제에 대응한다. 불법 다단계 조직처럼 철저하게 포교 대상자를 분석하고 완벽에 가까운 거짓말 시나리오와 체계적 교육 기법으로 선량한 시민들을 인생 파멸의 길로 끌어들이고 있다.

저자의 주된 관심사는 신천지로 인한 조국교회와 사회의 피해다. 2007년부터 시작된 반기독교 여론에 교계가 많이 위축됐지만, 그 여론의 근원지는 신천지였다. 신천지는 마치 제삼자인 것처럼 위장해서 한국 교회 비방에 열을 올렸고 반기독교 여론을 견고하게 형성하는 데 성공했다.

조국교회 역사상 이처럼 심각한 이단이 있었을까. 이신칭의의 구원론을 갈아엎고 어머니 같은 조국교회를 경멸케 하는 종교 사기 집단의 폐해는 이루 말할 수 없다. 더 이상 피해를 내버려 둬선 안 된다는 생각에 예방지침서를 쓰게 됐다.

이 책은 신천지의 피해를 자극적으로 소개하는 책이 아니다. 신천지에 끌려가기 직전, 잘못된 성경공부를 진행하고 세뇌되기 직전 피해자들을 구출해내는 데 초점을 맞추고 있다. 현란한 거짓말을 일일이 밝혀내는 건 아무래도 한계가 있기 때문이다.

코로나19 사태를 계기로 전 국민적으로 신천지에 대한 경각심이 높아진 상황에서 그들은 더욱 교묘한 방법으로 성도와 선량한 시민들에게 접근할 것이다. 아마 예전보다 더욱 정교하고 의심을 못할만한 거짓 시나리오로 포교 활동을 펼칠 게 분명하다.

그래서 이 책은 예방이 우선이라는 판단 아래 구체적인 자료를 제공하는 데 중점을 뒀다. 이 책의 대부분은 신천지가 반드시 가르치는 그림, 신천지 접근 여부를 알 수 있는 체크리스트, 신천지 시험 내용, 신천지 교육 장소 앞 1인 시위 방법 등 개인 및 지역 연합회 차원의 사전 예방 자료를 제시하고 있다.

한국교회 목회자들이 부디 이 책에 나오는 그림과 내용을 숙지하고 성도들이 더 이상 신천지에 빠져드는 일이 없도록 철저히 이단 예방 교육에 활용했으면 좋겠다.

책이 나오기까지 많은 분들의 도움이 있었다. 정진영 종교국장, 종교국의 선후배들, 그리고 송세영 부장의 지도와 이영은 씨의 헌신이 없었다면 이 책은 결코 빛을 발하지 못했을 것이다. 또한 지면을 빌려 남편으로서, 아빠로서 더 많은 시간을 함께해주지 못했음을 고백하고 가족에게 용서를 빈다.

아무쪼록 부족한 책이 신천지의 모략으로부터 조국교회를 보호하는 데 일조했으면 좋겠다.

"주여, 조국교회를 불쌍히 여겨 주옵소서."

백상현

신천지 이단옆차기

Contents

추천사
이영훈 여의도순복음교회 위임목사   004
오정현 사랑의교회 담임목사   006
소강석 새에덴교회 담임목사   008
진용식 한국기독교이단상담소협회장   010

프롤로그   012

CHAPTER 1   코로나19 사태로 밝혀진 신천지의 정체   018

열심 당원에서 회심한 김충일 전도사가 폭로하는 '신천지 실체'
무교였던 모녀는 어쩌다 신천지에 포섭됐다 탈출했나
코로나19로 실체가 밝혀진 신천지

CHAPTER 2   신천지의 상상초월 포교법   044

신천지는 기독교를 가장한 반사회적 종교집단
신천지의 기상천외한 포교법 9가지

CHAPTER 3   신천지 색출법   060

세뇌 교육 때 이 그림 꼭 가르친다
신천지의 피해사례 5가지

CHAPTER 4   신천지 제대로 알기   098

조건부 시한부종말론 집단
교주 이만희는 누구인가?
한국교회에 기생, 거짓말로 끌어들이기
구원자, 언약의 사자가 여기에
가정이 풍비박산, 반사회적인 집단

CHAPTER 5   신천지는 어떻게 사람을 미혹하나?   118

8개 맞춤 전략으로 접근하는 신천지 추수꾼
1명 포교 위해 100여개 개인정보 체크
포교 대상자 속속들이 분석한 핵심 문건
경영학 기법까지 활용하여 유인한다
신천지에 포섭되면 이미 AS 대상
신천지의 최신 포교 트렌드는?
신천지, 개 교회 넘어 지역교회 전체 노린다

CHAPTER 6   신천지, 어떻게 가르치길래!   190

성경을 몰라? 신천지가 해결한다더라
구원관 갈아엎기, 신앙관 통째로 부정하기
교회는 부패집단, 목회자는 더 나쁘다니까!
구원받으려면 신천지에서
초등 시험문제, 보혜사 자리에 교주를?

| CHAPTER 7 | 그렇다면 어떻게 할 것인가? | 212 |

신천지가 가장 경계하는 것이 있다
신천지 교육장소·위장교회 앞 1인 시위
팸플릿 제작 배포
신천지 복음방 여부 체크리스트 활용하기
신천지의 위장교회를 찾아내라

| CHAPTER 8 | 가족, 친척, 교인이 신천지에 빠졌을 때 | 230 |

누구나 신천지에 빠질 수 있다
약은 약사에게, 신천지 문제는 이단상담소에
이단상담소를 통한 가족 구출작전
6개월 이상 교육 이수자는 반드시 이단상담소로

| 에필로그 | 244 |
| 신천지 대처에 유용한 사이트 | 248 |

CHAPTER
1

코로나19 사태로 밝혀진 신천지의 정체

신천지 | 이단옆차기

열심 당원에서 회심한 김충일 전도사가 폭로하는 '신천지 실체'

그에게 신천지예수교증거장막성전(신천지)은 인생의 모든 것이었다. 신천지를 위협하는 진용식 한국기독교이단상담소협회장은 '사탄' '마귀'나 마찬가지였다.

그래서 상부 지시로 테러를 하려고 수차례 시도까지 했다. 상담을 받는 척하면서 상담소를 뒤엎으려다가 신천지의 잘못된 교리가 눈에 들어왔고 회심 후 상담사역자의 길로 들어선 청년이 있다. 김충일(34) 전도사의 이야기다.

그가 신천지에 포섭된 것은 2004년 12월이다. 경북 포항 한동대에 합격한 그는 학교 선배의 소개로 성경공부를 시작했다. 사이비 교리에 심취한 그는 구역장, 섭외부장, 전도부장, 사명자 교육교관, 특전대(전도 특공대) 팀장, 추수밭 총괄서기, 전도교관 등 핵심 코스를 밟았다.

추수밭 총괄서기의 업무는 당시 포항지역 교회에 침투해 활동하는

200여 명의 추수꾼으로부터 올라온 보고를 취합해서 상부에 전달하는 것이었다.

오전 6시 새벽 모임을 시작으로 포교와 복음방 교육, 섭외활동 후 저녁 활동 결과를 보고받았다. 오후 10시 복음방 교사교육 후 당일 활동 결과를 신천지 집단 담임에게 보고하고 청년부 포교 전략회의 후 '일일 전도활동 보고서'를 작성하면 새벽 2시가 넘기 일쑤였다.

그는 "신천지 교육센터가 1인 시위 때문에 탄로가 나면 다른 곳으로 이동해 비밀교육 장소를 만들어야 하기 때문에 내부 인테리어 공사에 투입돼 막노동까지 했다."면서 "당시는 하나님의 일을 한다는 생각에 힘들다는 생각도 들지 않았다."고 회고했다.

신천지 신도수가 적은 지역에 투입돼 포교 기반을 놓는 특전대 활동을 할 때 하루 3시간씩 잠을 잤다.

김 전도사는 "종일 포교활동을 할 정도로 몸을 혹사하면서까지 포교에 힘썼다."면서 "지금도 신천지 신도들은 연간 분기별 월간 주간 매일의 목표에 따라 뛰고 있다. 결과를 만들어내라며 포교꾼들을 쥐어짜내고 있을 것"이라고 했다.

사이비 종교 포교활동에 올인하는 특전대원들

그렇다면 신천지 특전대는 어떤 일을 하는 사람들일까.

"특전대는 지파에서 운영하는 조직이 있고 본부에서 운영하는 조직이 있습니다. 지파에서 운영하는 것은 지파장 명령으로 지교회를 개척할 때라든지 아니면 포교가 잘 안 이루어지는 지역 교회에 보내는 것을 말합니다.

본부 특전대는 각 지역에서 특전대를 뽑아서 운영해요. 차출된 인력은 이만희가 보내는 곳에 가서 포교 활동에 올인합니다. 그들은 빚쟁이들이 많아요. 인생을 완전히 거기다가 버려버리는 사람들이라서 캐리어 하나 들고 지시한 지역으로 갑니다.

'이 지역에 가서 교회 개척해!'라고 지시를 하면 거기에 가서 정말 미친 듯이 포교를 합니다. 진짜 밥도 제대로 안 먹고 종일 포교 활동만 합니다. 그리고 그쪽으로도 당연히 경험이 많다 보니 보통 사람들보다 포교를 잘합니다.

특전대가 한 번 투입이 되면 그 지역에서 사람이 많이 몰리는 거리에 종일 신천지 신도들이 돌아다니는 것을 볼 수 있어요. 그렇게 되면은 1~2개월 만에 많으면 몇백 명을 만들어 내기도 합니다.

심지어 특전대가 어느 지역에 가서 6개월만 활동하면 몇백 명 되는 신천지 교회 하나를 개척합니다. 그 친구들 활동력이 그만큼 대단합니다."

결국, 그의 빗나간 포교 활동은 한동대 교목실에 포착됐다. 목회자인 부모에게 신천지 활동 사실이 알려진 후 6차례 가출했다. 그때의 심정은 어땠을까.

"그때 포항지역 청년 포교 담당자이자 책임자, 교관이었어요. 제가 전도 책임자인데 부모님 때문에 신천지 활동을 못 하고 있으니까 얼마나 답답했겠어요. 그때 제 심정은 어땠냐면 '나의 개인사 때문에 하나님의 일을 못 하고 있구나'라고 탄식하는 상황이었어요.

신천지에선 행한 대로 갚아주는 분위기입니다. 전도를 못 하면 찍어버리는 무서운 하나님으로 생각하고 있어요. 그러니 포교 활동을 못 하고 있는 상황에 대한 부담감이 무척 컸어요. 어떻게든 신천지를 위해서는 무엇이든 하고 싶다라는 간절한 생각이 있었습니다. 그때 기도를 이렇게 했습니다. '빨리 이 상황에서 벗어나서 하나님 나라를 위해서 일할 수 있게 해달라'고 말이죠. 그렇게 기도를 했는데 신천지에서 연락이 왔습니다."

정체가 노출돼 갑갑함을 느끼고 있을 때 다대오지파의 상부에서 이런 은밀한 지시가 내려왔다.

"너는 어차피 정체가 공개돼 포교 활동을 못 한다. 상황이 좋지 않으니 차라리 지금 상황을 이용해 진용식 목사에게 접근해 테러하고 상담사역을 중단시켜라. 처벌을 받더라도 하나님을 위한 일인데 더 큰 복이 있지 않겠나."

김 전도사는 그때의 심정을 이렇게 이야기한다.

"그때는 정말 기도 응답이라고 생각하고 '이거라도 할 수 있도록 하나님이 일을 주셨구나'라고 생각했어요.

진용식 목사님이 신천지 상담을 많이 하시면서 신천지 입장에서 해가 되는 행동도 많이 하셨잖아요. '폭행이라도 하면 병원에 입원해 있는 기간, 몇 달이라도 우리에게 해가 되는 행동은 못 하지 않겠느냐' 그런 단순한 생각이었죠.

우리가 강경하게 나가면 신천지 피해 가족들도 상담을 못 하지 않겠어요. 그래서 한때 여자 신도들에겐 '손톱을 길러서 상담소에 끌려가면 상담자의 얼굴을 할퀴어라. 그럼 상담하겠냐'는 말도 했어요.

그래서 저는 목사님이 상담사역을 못하도록 폭행하거나 문제를 일으킴으로 상담 자체를 못 받게 만들어 신천지 신도가 회심하는 일을 막으려는 의도가 있었습니다.

이런 폭력적인 방법은 과거 흐름이었어요. 문제는 시간이 지나면서 폭행을 하는 게 신천지에 별로 좋은 이미지를 주지 못했습니다. 그래서 그게 나중에는 폭행하거나 물의를 일으키지 않는 쪽으로 바뀌었어요. 그전에는 이단상담소에 끌려가면 의자 집어 던지고 창문 깨고 폭행하라고 많이 교육했습니다."

신천지 교리에 세뇌된 그가 실천에 옮긴 것은 2010년 4월이었다. 김 전도사는 "원래 계획은 진 목사님이 등단할 때 가격하는 게 목표였다."면서 "추후 법적 처벌을 받을 때 의도적인 폭행으로 죄질이 안 좋게 나올 수 있다는 상부 지시에 따라 우발적 범행으로 계획을 변경했다."고 했다.

그는 "결국 한동대에서 열린 이단사이비 예방 강연 때 진용식 목사님에게 팔을 뻗긴 했지만 성공하지 못하고 질질 끌려나갔다."고 했다.

사교(邪敎)에서 탈출할 수 있는 '비상구'는 김 전도사의 부모가 끝까지 아들을 포기하지 않으면서 생겼다. "이단상담소에서 상담만 받으면 그 후부턴 너의 원대로 해주겠다."

지파 본부에서도 허가가 떨어졌다. "당당하게 승리하고 돌아오라. 싸워 이기고 돌아오는 길에 상담자들까지 신천지로 데리고 와라."

그는 얼마 후 경기도 안산 상록교회 내 상담소를 직접 찾아갔다. 상담하는 척하면서 침을 뱉고 깨진 창문과 유리컵으로 진 목사를 가격하는 등 문제를 일으켜 상담 활동을 중단시킬 심산이었다.

김 전도사는 "처음 상담소에 들어갈 때 '신천지 말씀에 일점일획 오류라도 있다면 내 목을 걸겠다'며 기세등등하게 들어갔지만 3주 차부터 '신천지가 틀렸을 수도 있겠구나'라는 생각이 들었다."면서 "그렇게 비늘이 벗겨지는 느낌이 들었다. 끝까지 붙들고 있던 사이비 종교 교리의 아집을 스스로 내려놓게 됐다."고 말했다.

신천지 비늘이 벗겨지기까지… 마음 문이 열려야 한다

그는 자신이 회심했듯 이단상담에서 마음의 문을 여는 작업이 중요하다고 했다.

"신천지의 허상이 깨지는 것은 사람마다 달라요. 제 생각에는 마음의 문이 열리는 게 제일 중요한 것 같아요. 왜냐하면, 제가 상담소 처들어 갈 때만 해도 이런 입장이었어요. '이 말씀의 일점일획이라도 오류가 있다면 내 목을 걸겠다'고요. 저도 올 때는 지파장이 허락을 해줘서 왔으니까요.

신천지의 교리가 틀렸을 리가 절대 없다는 생각을 하고 있을 때는 들을 생각이 없고 무조건 '저걸 어떻게 반박을 할까'라는 생각만 했어요. 그러다 계속 듣고 스스로 인지 부조화가 생기기 시작했어요.

'어쩌면 틀렸을 수도 있겠다'는 생각이 처음 들면 그때부터 마음에 틈이 생기면서 들을 귀가 조금 생기기 시작하거든요. 그래서 들을 귀가 생기면 들을 준비가 되고 그때 듣는 내용을 갖고 자신이 아집처럼 갖고 있던 신천지의 허상이 깨지는 것 같아요.

저의 경우는 이렇게 꽉 붙잡고 있다가, 끝까지 못 놓고 있다가 틀렸다는 것을 인지하게 되니 그 뒤로부터는 스스로도 틀린 게 보이기 시작했어요. 지금도 신천지 교리의 오류나 틀린 것들이 계속해서 새롭게 보입니다."

회심의 결정적 이유는 정체성과도 같은 신천지의 실상 교리가 흔들렸기 때문이다.

"신천지 신도 입장에서 실상 교육은 마치 정체성과 같아요. 신천지에서 실상은 '우리가 성경을 이렇게 이뤘다'하는 것을 증거해주는 내용입니다.

그런데 성경을 이렇게 이루었다고 증거한 내용이 수시로 바뀐 겁니다. 예전 말과 최근 말이 다르고 오류가 여기저기서 나타나고, 이런 부분을 보면서 견고했던 신천지 실상 교리가 깨졌어요. 더 근본적으론 진 목사님의 강의를 들으면서 '아, 내가 틀렸을 수도 있겠다'는 생각이 들면서 말씀을 들을 귀가 생기게 된 것이죠. 그게 더 직접적인 계기가 아닌가 생각해요."

신천지의 거짓을 알고 탈퇴를 결심했을 때의 마음은 어땠을까.

"신천지에 심취해 안에 있을 때는요. 정말 우리를 통해서 하나님의 역사가 지금 이루어지고 있고 새로운 사도행전을 쓰고 있는 것으로 생각했습니다. 나를 통해서 성경이 이루어지고 있다고 생각해 보세요. 얼마나 감동이 되겠어요.

특전대 팀장으로 활동할 때는 하루에 3~4시간 잤어요. 그렇게 3~6개월 정도 활동을 하는데, 서서 강의를 하다가도 졸아요. 그렇게 몸을 혹사하면서도 그 안에서는 스스로 만족감을 느낍니다.

'내가 지금 할 수 있는 최선을 다해서 하나님의 일을 하고 있구나' 이런 만족감 말입니다. 몸은 좀 힘들더라도 정신적으로 힘들다고 생각을 안 했죠. 그게 하나님을 섬기는 올바른 방법이라고 믿었기 때문입니다.

그런 곳에서 나오면 기뻐야 되잖아요. 하지만 공허감이 생깁니다. 삶의 방향을 잃어버립니다. '나는 신천지의 포교를 위해 태어난 사람이야'라고까지 생각하다가, 인생 목표로 잡았던 것이 거짓으로 판명 나니 허무하고 공허했죠. 이제 뭘 위해 살아야 할지도 몰랐고요."

2013년 대학 졸업 후 해군 장교로 복무한 그에게 진용식 목사는 신학을 제안했다. 2020년 총신대 목회학 석사학위를 취득한 그는 신학석사 과정 중에 있다. 현재는 진 목사와 함께 한국기독교이단상담소협회 소속으로 신천지에 빠진 피해자들을 빼내는 데 집중하고 있다.

이단상담가로 변신한 후 회심하지 않기 위해 반발하는 사람을 볼 때 어떤 마음이 들까.

"그런 사람들을 보면 저도 인간인지라 가끔 욱하는 감정이 올라올 때도 있습니다. 그럴 때마다 '그래, 저 아이는 옛날 내 모습보단 낫다'라는 생각이 들어 참게 되더라고요. 그리고 가끔 인지적으론 신천지가 틀렸다는 것을 깨달아도 가슴으로 못 받아들이고, 틀린 것을 깨닫고 나서 밀려오는 공허감에 힘들어하는 친구들이 있습니다.

저도 그걸 심하게 경험을 해봤기 때문에 엄청 힘들었죠. 정말 자살 충동까지 느끼고 그랬었거든요. 그래서 그 친구들의 얘기에 공감해 주기도 합니다. 물론 제 얘기를 진솔하게 나눴을 때 마음 문을 열고 받아들이는 경우도 있었습니다."

신천지 이만희 교주의 기자회견을 본 김충일 전도사는 "숨 쉬는 것 빼고 처음부터 끝까지 거짓말이었다."고 목청을 높였다.

그는 "신천지는 수십 년간 축적된 미혹 전략을 통합하고 체계화했으며 그 수준은 군대조직 이상의 체계를 갖추고 있다."면서 "그런데 마치 하나의 종교단체로 허술하게 관리되는 것처럼 자신을 위장했다."고 지적했다.

김 전도사는 "구역장-전도교관-강사-담임강사라는 결재시스템을 통과하지 않으면 포교대상에 끼지도 못한다."면서 "그런데 신천지는 전화번호가 없는 교육생이 있었다고 기자회견장에서 거짓말을 했다. 신천지의 실체를 알지 못하는 기자들을 속인 것"이라고 목청을 높였다.

코로나19 이후 신천지의 미래는… 내부단속에 힘쓸 듯

김 전도사는 코로나19 이후 포교 활동에 일부 제동이 걸리겠지만 신천지 내부 분위기가 단합하는 쪽으로 갈 것이라고 내다봤다.

"제 생각에는요. 실체가 밝혀져 포교에 일부 제동이 걸리긴 했지만, 내부적으로는 결속이 오히려 단단해질 수 있어요. 왜냐하면 '우리도 코로나19의 피해자인데, 정부가 신천지를 희생양으로 삼아 공격했다'는 피해의식이 그 안에 팽배할 게 분명하기 때문입니다. 원래 이단들이 특징이 있습니다. 내부적으로 자기들끼리 결속이 잘 되고 끈끈한 관계를 맺는 것 말입니다.

왜냐하면, 코로나19 문제뿐만 아니라 교회나 주위 시선부터 이단이라는 소리를 듣고 이상한 단체라는 소리를 계속 듣게 됐잖아요. 우리가 볼 때야 이상하게 보이는 게 너무도 당연하지만, 자기네끼리 볼 때 오히려 신천지 신도가 정상적인 사람처럼 착각하거든요.

그래서 오늘도 많은 신천지 신도는 '우리는 전혀 문제 될 것이 없다'는 입장을 갖고 있어요. '학교도 잘 다니고, 사회적으로 크게 문제를 일으키는 것도 아니고, 우린 그냥 신앙생활을 잘하는 건데' 하면서 말이죠.

그리고 밖에서 아무리 사기 포교가 문제가 있다고 비판해도 신천지 신도들은 전혀 다르게 생각합니다.

'신천지가 교리적으로 맞는 거니까. 우리는 성경대로 신앙생활을 잘하는 건데 마귀가 사람들을 조종해서 우리에게 이렇게 욕하고 핍박하고 피해를 준다'고 생각합니다.

이런 사람들은 외부 공격이 있다고 해도 절대 흔들리지 않습니다. 이단이 그래서 외부의 비판이 있을 때 결속이 더욱 단단해지고 끈끈해지는 측면이 있습니다. 그리고 마귀의 핍박을 받고 있다고 몰아가면 자기들끼리 피해의식을 느끼게 되고 관계는 돈독해지는 경향이 있습니다.

따라서 전체적인 흐름에서 봤을 때 신천지 자체에 큰 타격이 있을 것이라고는 생각하지 않습니다. 물론 일부 신도들은 떨어져 나가겠지만 조직 유지에 큰 어려움은 없을 것입니다.

당연히 전도는 계속됩니다. 이번 사태가 전도를 못 하게 하려는 사탄의 방해라고 생각할 겁니다. 그들의 교리에 따르면 전도를 안 하면 사탄이 이기는 것으로 됩니다.

이번 코로나19 사태로 전 국민에게 신천지의 실체가 밝혀지고 위장교회라든지 신분을 감추고 있던 사람들이 코로나 때문에 강제적으로 드러나게 된 것은 긍정적 측면이 있습니다.

가족 구성원 중 일부가 신천지에 다니는지 모르던 가족도 알게 되고 포교 거점의 위치까지 드러나면서 신천지 예방 차원에 기회가 된 것 같습니다. 또 신천지에 빠진 사람들을 가족들이 거짓말해서 모르고 있었는데 이번 기회에 알아차리고 다시 회심시키는 좋은 기회가 되지 않았을까요."

그는 코로나19보다 이만희 교주의 내연녀 김남희 문제가 더 큰 폭발력을 갖고 있다고 조언했다.

김 전도사는 "신천지 안에 있는 사람 입장에서는 코로나19가 믿음이 흔들릴 만한 일은 아니다."라면서 "오히려 김남희 사건이 안에 있는 사람에게 타격이 더 있을 것 같다."고 했다.

그는 "지금까지 김남희의 주장에 대해 이만희가 계속 부정을 해왔다."면서 "하지만 김남희가 증거를 내밀자 '그런 이상한 관계가 아니었다'는 이만희의 거짓말이 확실히 드러났다. 사실이 확인되면서 오히려 더 큰 충격이 있었을 것"이라고 내다봤다.

실제로 신천지 압구정센터 원장을 지내고 IWPG(세계평화여성그룹) 대표를 지낸 김남희의 양심고백은 신천지 신도들의 신념을 뒤흔들만한 내용이었다.

그녀는 2020년 3월 유튜브 존존TV로 이만희 교주와의 내연 관계, 불투명한 재정문제 등 신천지에서 겪었던 다양한 사건을 폭로했다.

김남희는 유튜브 방송에서 "이만희 교주와 설악에서 (엉덩이 두드리며 고기 잡고 식사하는 등) 실제로 그렇게 살았다"고 증언했다.

이어 "이만희 교주가 사고를 낸 지파장이나 담임에게 호통을 쳤는데, 다음날이면 어김없이 그들이 돈을 싸 들고 왔다."면서 "속는 사람만 물질을 내고 일하지, 위에 있는 사람은 돈을 모았다. 이건 가짜, 사이비 집단이었다."고 회고했다.

김남희는 "나도 그동안 세뇌와 중독이 무서워 떠나지 못했다."면서 "신천지 신도 여러분들은 다 속고 있다. 이만희는 정말 돈밖에 모르는 고도의 사기꾼이었다."고 주장했다.

신천지 안에서 김 씨는 '영적으로 돕는 배필'로 신천지의 모든 사람이 본받아야 할 신앙의 표본이었다. 이만희는 '빛(이만희)과 빛(김남희)의 만남은 이김'이라고 풀이해 '만남'이라는 단체를 만들었고 김 씨를 '만민의 어머니'로 신격화할 정도였다.

이만희의 최측근이자 같이 거주까지 했던 김남희의 양심고백은 구체적이고 신뢰성이 높아 신천지 신도들에게 적잖은 충격을 줬다. 내부에선 교주와 김 씨가 절대 연인관계가 아니며, 돈 문제가 없다고 했지만 김 씨의 고백은 정반대였다.

특히 김 씨가 제시한 이만희의 사진, 음성, 통화 녹음, 영상, 자필 편지, 혼인서약서 등 증거도 명백했다.

김 전도사는 "코로나19 사태로 회의감을 느끼는 신도가 '이만희 교주는 나와 똑같은 죄인, 사람이다. 그는 지금 하나님 자리에 앉아, 하나님이 받아야 할 영광을 자기가 받고 있다. 신천지는 반드시 없어져야 할 종교사기 집단'이라는 김 씨의 양심고백을 봤다면 당연히 이탈을 고민할 수밖에 없었을 것"이라고 했다.

이어 "신천지 신도에게 코로나19 사태가 박격포 수준이었다면 김 씨의 양심고백은 핵폭탄급이었을 것"이라고 추정했다.

육체영생 교리에 빠진 신천지 신도들이 신천지 이만희 교주가 죽으면 혼란과 타격이 있을 것이라고도 했다.

김 전도사는 "최근 신천지에 들어온 사람은 모르겠는데 오랫동안 있었던 사람 중에는 아직도 이만희가 안 죽는다고 믿는 사람들이 많다."면서 "만약 이만희가 병에 걸려서 죽게 되면 거기서 큰 혼란을 느낄 것"이라고 전망했다.

김 전도사는 "이단 교주들이 죽는다고 해서 그 조직이 와해 됐던 적은 없다."면서 "죽더라도 안상홍처럼 그 전에 뉴스 기사 만들어서 '전에 죽는다고 예언했었다.'면서 또다시 신도들을 붙잡아 둘 것"이라고 했다.

그는 "신천지가 교주 사망 이후 수습할 시간을 주면 거기 있는 사람들은 또다시 못 나오게 될 것"이라면서 "교주가 죽고 사람들이 혼란에 빠진다면 한국교회가 효과적으로 대처를 해서 최대한 많이 회심시킬 수 있도록 준비를 해야 한다."고 당부했다.

김남희 사건을 봐서라도 제발 나와달라

김 전도사가 당부한 마지막 말은 김남희 사건을 봐서라도 신천지에서 제발 나와달라는 것이었다.

"사실 그렇잖아요. 일단 무엇보다 명백하게 지금 현 상황에서 드러나고 있는 것은 하나님이 함께한다는 신천지에서 전염병 하나 해결하지 못했잖아요.

이거 하나 해결하지 못하는 이만희이고. 심지어 하나님이 함께 있다는 곳에서 김남희 배도 사건도 일어났잖아요. 김남희가 배도 할 것도 모르고 만났다는 것도 황당무계하고 무엇보다 이만희가 김남희 사건을 갖고 거짓말한 것은 너무 명백히 드러났으니까 이것은 정말 빼도 박도 못하는 것이죠.

신천지 여러분도 잘 아시잖아요. 내부에서 그런 관계 아니라고 계속 변명을 했는데, 김남희가 양심선언을 하고 문제가 뻥 하고 터진 거죠.

신천지 사람들에 대해 이렇게 이야기합니다. 들어갈 때는 거짓말 포교에 속아서 들어가고 들어간 이후에는 신천지에 또다시 속는다고. 사실 신천지 안에 들어온 사람들을 속이는 것은 신천지 아닌 사람을 속이는 것보다 백배나 쉽거든요. 왜냐면 무슨 말을 해도 그냥 믿으니까 말이죠.

신천지 포교에 걸려든 사람들은 속아서 들어가고 끌려들어 간 다음 안에서도 계속 속고 있어요.

이만희가 무슨 무슨 상을 받았다고 홍보하던데 다 거짓말이잖아요. 다 돈 주고 받은 겁니다. 조작해서 받고 이런 것들이 얼마나 많은데 말이죠. 평화협정을 맺었다는 것도 마찬가지입니다.

김남희 사건도 그렇고 코로나19도 해결하지 못했다는 것이 드러났습니다. 쉽지는 않겠지만 그래도 자기가 믿고 있는 하나님이 참 하나님이 맞는지를 한번 점검을 해봤으면 좋겠어요.

신천지가 이단이라고 하는 사람들이 왜 이단이라고 비판하는지 들어보기라도 했으면 좋겠습니다."

신천지 이단옆차기

무교였던 모녀는
어쩌다 신천지에 포섭됐다
탈출했나

무교(無敎)였던 엄마는 신천지가 무엇을 의미하는지도 몰랐다. 딸의 손에 이끌려 신천지센터를 5개월간 다녔는데 강사가 강의도 잘하고 재미도 있던 참이었다. 하지만 인터넷을 검색하다 신천지의 실체를 알게 됐다. 한국기독교이단상담소협회 부산상담소를 찾아가 딸을 구출해냈다. 김 씨(52세)의 이야기다.

김 씨는 "옆에서 같이 공부했던 사람들이 모두 신천지 바람잡이들이었다. 심한 배신감을 느꼈다."면서 "이단 전문가에게 상담했더니 낌새를 보이면 자녀들이 가출한다고 하더라. 그래서 신천지에 충실히 다니는 척하면서 딸을 조용하게 상담으로 이끌어 냈다."고 했다.

엄마를 신천지로 이끈 사람은 딸 박 씨(26세)였다. 종교가 없던 그녀도 대학 4학년 때 VMS라는 봉사활동을 나갔다가 신천지에 포섭됐다. 박 씨는 "2013년 봉사단체에서 동갑내기 친구 두 명을 만났는데, 같은 동네인데다 공무원 신분이라 신뢰할 만했다."면서 "그들을 통해 심리상담센터 상담이 시작됐고 에니어그램 분석 후 자연스럽게 성경공부를 했다."고 회고했다.

그는 2개월 후 남동생도 다른 포교꾼을 통해 신천지 신도가 됐다는 사실을 알게 됐다. '신천지 완성 직전'이라는 세뇌교육을 받다 보니 번듯한 직장까지 내려놓았다. 박 씨는 "엄마의 '구원'을 위해 제발 한 번만 들어달라고 매달려 지난해 신천지로 데려갔다."면서 "하지만 신천지 생활을 하면 할수록 가면을 쓰고 거짓말 포교를 해야 했기에 정신적으로 힘든 상태였다."고 말했다.

딸은 엄마의 지혜로운 대처로 상담을 받으면서 신천지 핵심교리가 하나님의교회 세계선교협회(구 안상홍증인회)에도 등장하는 것을 보고 의심이 생기기 시작했다. 박 씨는 "신천지에만 구원이 있다고 철석같이 믿었는데, 다른 이단에도 비슷한 비유풀이가 있어 충격이 컸다."면서 "그걸 계기로 신천지 6년 생활을 끝냈다."고 설명했다.

박 씨는 "신종 코로나바이러스감염증(코로나19) 사태를 계기로 잠깐 주춤하겠지만, 신천지는 내부적으로 '예수님이 핍박받았듯 자신들도 핍박받는다'며 더욱 단결할 것"이라고 예상했다. 그는 "신천지 신도들에게 다른 이단에도 똑같은 비유풀이가 있다는 사실을 꼭 알려주고 싶다."면서 "나처럼 이번 기회에 탈퇴해 자유를 얻었으면 좋겠다."고 조언했다.

김 씨는 "신천지가 자신들이 진리라고 하지만 신도의 이단 상담을 막으려고 신변보호요청서까지 받아놓고 있다."며 "세뇌교육을 통해 신도를 영적 노예로 만들고 개인과 가정의 인생을 망가뜨리는 신천지는 한국사회에서 없어져야 할 사회악"이라고 성토했다.

이어 "신천지에 빠진 아들이 가출했는데, 당뇨를 앓고 있어 코로나19 사태로 걱정이 많이 된다. 신천지에서 제발 제명 처리해 줬으면 좋겠다."면서 "그렇지 않으면 신천지 센터 앞에서 1인 시위를 벌여 실체를 낱낱이 밝혀내겠다."고 경고했다.

신천지 | 이단옆차기

코로나19로 실체가 밝혀진 신천지

신천지는 종교적 이단 수준을 넘어 잘 짜인 지능적 종교사기 집단이다. 신천지는 '신천지예수교회' '신천지교회'라며 자신들이 종교기관이라고 부르지만 실상은 한국교회와는 전혀 상관없는, 평범한 시민을 끌어들여 인생을 파괴하는 범죄 집단이다.

2020년 2월부터 한국사회에서 본격적으로 시작된 신종 코로나바이러스감염증(코로나19) 사태를 계기로 종교사기 집단이 지닌 비뚤어진 국가관, 윤리의식 등 상상을 초월하는 신천지의 실체가 낱낱이 드러났다.

신천지는 코로나19와 관련해 질병관리본부에 거짓으로 대응하면서 신도들에게 행동요령을 배포하고 비밀모임을 진행했다. 감염자가 뒤늦게 발생하면 신천지임을 자백하는 등 자신의 정체성을 감추기에 급급했다.

신천지가 코로나19라는 전염병 심각 상태를 초래한 것은 국민 보건보다 자신의 정체성을 숨기는 모략 전도를 우선시했기 때문이다.

특히 신천지 총회 보고에 따르면 전체 신도수는 30만 명이지만 입교 대기자 7만 명과 중요 인사의 명단을 공개하지 않았다. 집회 장소 429개도 누락했다. 이처럼 방역당국에 제출한 집회 장소와 신도수는 실제 수와 상당 부분 차이가 있었다.

감염병의 예방 및 관리에 관한 법률에 따르면 정당한 사유 없이 역학조사를 거부 방해하거나 거짓 진술, 고의적으로 사실을 누락·은폐하면 2년 이하의 징역 또는 2천만 원 이하의 벌금에 처해진다. 그럼에도 신천지는 조직적 은폐행위를 했다.

이런 현상은 신천지가 코로나19의 감염보다 자신의 정체성이 드러나는 것이 더 심각한 문제로 인식하기 때문이다. 지역사회 감염은 아랑곳하지 않고 오직 신천지 조직의 보호를 위해 조직적으로 역학조사를 방해하는 현상마저 벌어졌다.

신천지는
왜 그렇게 말을 듣지 않았을까

코로나19 진단 거부, 연락 두절, 감염 후 비밀모임, 생활치료센터 입소 거부, 자가격리 후 영업활동, 신분 위장, 제출 명단 불일치….

신천지는 왜 이렇게 무책임하게 방역 당국의 지시에 따르지 않았던 것일까. 이유는 간단하다. 포교 때문이다. 신천지에선 정체가 들통나서 포교의 문이 막히는 게 교리상 악(惡)으로 치부된다.

신천지 전도교관으로 활동했던 김충일 전도사는 "신천지에 입문하면 처음 배우는 게 선과 악의 개념인데, 하나님에게 속하면 선이고 속하지 않으면 악이라고 세뇌한다."면서 "교리에 중독되다 보면 '신천지에 속하는 것이 하나님에게 속하는 것이고, 신천지에 해를 끼치는 것은 무조건 악'이라는 착각에 빠진다."고 설명했다.

이어 "절대 선인 신천지를 위해서라면 폭력, 테러, 도둑질, 쓰레기 불법 투기, 거짓말 등은 얼마든지 해도 무방하다."면서 "이런 잘못된 선악 구도에서 봤을 때 코로나19 검역 활동은 신천지 신도에게 악이 된다."고 말했다.

김 전도사는 "신도 입장에서 그동안 은밀하게 포교꾼으로 활동했는데, 방역 당국의 지시에 따라 생활치료센터에 입소하면 그만 정체가 들통난다."면서 "그렇게 되면 신천지에 해가 되고 자연스럽게 악한 행위로 인식했을 것"이라고 분석했다.

그는 "전체 신도를 대상으로 전화 조사를 했다고 하던데, 무증상이라고 답해도 절대 믿어선 안 된다."면서 "신천지를 위한다며 전화를 받지 않고 '열이 나지 않는다'고 뻔뻔스럽게 거짓말을 했을 것이다. 신천지의 말을 절대 믿어선 안 된다."고 당부했다.

신천지 탈퇴자들은 코로나19 확산을 막으려면 교주가 하루빨리 구체적인 행동지침을 내리고 검찰이 압수수색을 했어야 한다고 충고했다.

신천지에서 탈퇴한 A 씨는 "신천지에서 선악을 판단하는 주체는 오직 한 사람 이만희 교주"라면서 "신천지 조직 생활에 길들여진 신도는 수동적인 삶에 익숙하므로 누구도 자발적으로 선악을 판단하지 않는다."고 말했다.

이어 "그렇기 때문에 개인이 코로나19 검사, 시설 입소 등 '악한 행동'은 함부로 할 수 없다."면서 "결국 열쇠는 이만희 교주에게 있다. 말로만 뜬구름 잡듯 협조하라고 말고 구체적인 실천지침을 만들어서 지령을 내리도록 압박해야 한다."고 말했다.

B 씨도 "신천지 신도들은 명령을 내리지 않으면 움직이지 않는 사람들"이라면서 "코로나19 사태에서 자발적으로 행동하는 게 익숙지 않을 것"이라고 전망했다.

그는 "선악을 판단하는 주체는 이만희 교주인데, 아주 구체적인 지시를 내리지 않고 두루뭉술하게 협조하라니 방역 활동에 생떼를 썼던 것"이라고 설명했다.

C 씨도 "신천지 신도는 예수님의 영이 이만희와 함께하고 있으며, 유일하게 하나님이 계시는 곳은 신천지라고 철석같이 믿고 있다."면서 "만약 정상적인 사고를 하는 사람이 있다면 나처럼 거기서 나올 수밖에 없다. 그러니 정상인이라고 생각하면 안 된다."고 말했다.

이어 "신천지 신도는 복음방 2~3개월, 위장센터 6개월 등 1년간의 교리교육을 받으며 신천지가 원하는 사고방식을 하는 맹신도로 다듬어진다."면서 "코로나19 방역 활동에 거꾸로 가는 것도 이런 세뇌 교육 때문"이라고 분석했다.

C 씨는 "이만희 교주가 기자회견 땐 '협조하라'고 했지만, 안에선 '구원을 받으려면 현재의 핍박을 이겨야 한다'며 다르게 지시 내렸을 것"이라면서 "북한 이상으로 전략적으로 거짓말을 하는 사이비 종교집단의 특성을 이해하지 못하니 정부가 계속 헛발질하고 있다."고 했다.

D 씨도 "신천지 신도는 숨 쉬는 것 빼곤 모두 거짓말이라는 우스개가 절대 과언이 아니다."라면서 "이재명 경기도지사처럼 강하게 압박하는 만큼 신천지는 움직인다. 신천지가 행동으로 옮기기 전까진 절대 믿어선 안 된다."고 충고했다.

CHAPTER 2

신천지의
상상초월 포고법

신천지 | 이단옆차기

신천지는 기독교를 가장한 반사회적 종교집단

신천지는 기독교를 가장한 반사회적 종교집단이다. 그들은 한국교회 목회자를 개, 우상, 짐승 등으로 폄훼하고 교회를 바벨론이라며 경멸한다. 그런데도 이기적 포교를 위해 정통교회 교단명은 물론 로고, 마크를 버젓이 사용한다.

한국교회가 공격과 지탄을 받으면 받을수록 경계 선상에 위치한 성도들이 이탈할 가능성이 커지고 그들을 흡수할 수 있다는 게 이들의 논리다. 한국교회에 기생하여 교묘한 포교 활동을 벌이는데 그들의 뻔뻔스러운 거짓말은 '하나님도 모략을 잘하는 분'이라는 교리에 기반한다.

그들은 성도 한 명을 포섭할 때는 수십 개의 포교 시나리오와 대응 멘트를 사전에 작성한 다음 상상을 초월하는 포교법으로 접근한다. 그에 따른 폐해를 소개한다.

보안문서이므로 외부유출을 금지합니다

9시 교사교육								섭외자 엣기 멘트

섭외자 멧기 멘트

- 목욕탕에서 -
"어디서 많이 본 분 같은데 이 동네 사세요?" 하면서 대화를 시도한다.
"혼자 오신 것 같은데 제가 등 좀 밀어 드릴까요?"해서 서로 등을 밀어주고 이런저런 이야기를 하며 어디에 사는지, 신앙유무를 파악하여 서로 집까지 오고 가고 왕래하며 자신의 어려운 이야기를 할 때는 도와주기도 하면서 친분을 쌓아감.

- 운동 시 -
제가 몸이 안 좋아서 병원치료를 받고 퇴원했는데 의사가 반드시 운동을 하라고 하시는 데요. 원래 운동 습관이 없어서 너무 힘들고 날마다 나오기가 쉽지 않네요.
좋은 방법이 없을까요?
(많은 정보 교환 후 사례자 만남을 유도할 수 있고 같이 운동하자며 약속을 잡다.)

- 지인에게 다가가는 멘트 -
"언니~ 요즘에 왜 이렇게 안 보이셨어요? 요즘에 언니를 위해서 계속 기도가 나오더라..
언니, 무슨 일 있어요? 자꾸 하나님께서 기도하게 하시더니 또 이렇게 만나게 하시네.
너무 감사하다!! 우리 언제 한번 차(식사) 한잔 마시게요 – 그러지 말고 이번 주 목요일 점심 어때요?" 하면서 자연스럽게 차(식사)를 마시러 간다.

- 강화 유도 멘트 -
예문1)
집사님 저 요즘 신앙적으로 고민 하는 게 있어요. 제가 지금껏 신앙을 열심히 하다 했지만 너무 얕은 신앙을 한 것 같아요. 제가 지금까지 많은 사람을 기도로 전도도 하고 고민도 많이 들어주고 그래서 너무 편했던 것 같아요. 실은 어제 JMS 사람을 만나 성경으로 변론했는데 제가 성경으로 답변을 못했어요. 그 사람 말하는 것이 (물과 성령으로 거듭나는 것 - 관심유도질문) 내용으로 물어 보더라고요. 성경적으로 뭐 알지도 못하고 이단소리만 한다며 훈계만 받고 와서 자존심이 상할 뿐 아니라 하나님께도 너무 죄송스러웠어요. 그 사람 말도 돌이키려 생각했는데 내가 아는 것이 너무 없어서 한마디도 성경적으로 답변도 못했다고 회개기도를 해도 답답하기만 해요. 제 주위에도 이단도 많은데 다 돌이켜야 하는데 이번 기회에 반드시 말씀을 알아야겠다는 생각이 간절해요. 그런데 막상 말씀을 배우려니 엄두도 안나고 혼자 배우기가 껄끄러워서 망설여지기도 해요.
나중에 말씀 배울 기회가 주어진다면 집사님이 옆에서 함께 몇 번만 들어주시고 코치 좀 부탁해요. 집사님이 함께 계시면 왠지 안심이 되요. 항상 성령님의 인도하심을 받으시는 것 같아 첨 편안하고 좋아요. 집사님이랑 함께하면 잘못될 리가 없잖아요. 나중에 꼭 도와주세요. 집사님이라서 제 신앙에 도움주실 수 있을 것 같아 누구보다도 먼저 집사님께 달려와서 말씀 드리는 거예요.
대신 하나님께 먼저 죄송스럽고 창피한 일이니 다른 사람에겐 제가 말한 이야기 절대 비밀로 해주시길 부탁드릴게요.

예문2)

번 호	소 속	성 명	금지사항	확인
			대여,복사,단체,분실,유출	

신천지는 포교 대상자에게 접근하기 전에 미리 시나리오를 짜 놓는다

2. 신천지의 상상초월 포교법 47

신천지 | 이단옆차기

신천지의
기상천외한 포교법
9가지

1. "논문 때문에 설문조사를 하고 있어요"

신천지는 포교 대상자의 정보를 얻기 위해 수단과 방법을 가리지 않는다. 대표적인 도구가 길거리 설문조사다. 신천지의 포교용 도구는 20대 청년을 타깃으로 하는 설문조사, 성격·행동 유형 검사, 도형 그리기, 미술 심리치료, 우울증 스트레스 테스트, 에니어그램, MBTI 검사, 힐링스쿨, 5분 스피치 평가 등이다.

신천지 신도들은 대학가나 길거리에서 "대학원생인데 학술대회에 제출할 논문을 준비하고 있다." "심리학과에 다니는데 심리주제 연구표본조사를 나왔다." "홍대에서 인디밴드를 하는데 앨범제작 마지막 곡 삽입을 위해 설문조사를 하고 있다."며 도형 심리상담, 스피치 평가, 에니어그램 검사, 20대의 진로와 만족도, 좋아하는 음악 장르 등을 조사한다.

설문지에는 대부분 종교와 연락처를 적게 돼 있으며, 나이와 직업, 거주 지역, 일과 등도 기재하게 돼 있다. 이들 가짜 설문 조사지와 각종 가짜 검사지에 나타나는 공통적인 특징은 이름과 나이, 학교(직장), 종교, 연락처, 혈액형, 거주지 등 개인정보를 반드시 적게 돼 있다는 것이다. 이렇게 수집된 개인정보는 훗날 신천지 추수꾼에게 전달돼 우연을 가장한 포교의 기초자료로 사용된다.

신천지 탈퇴자 A 씨는 "신천지는 길거리에서 입수한 개인정보를 취합 후 다른 포교꾼에게 전달한다."면서 "다른 포교꾼은 며칠 후 전화를 걸어 '축하한다. 설문에 응했던 사람 중 특별히 선발되었으니 한번 만날 수 있겠느냐'면서 심리테스트와 인생 그래프를 작성케 한다."고 설명했다.

이어 "훗날 신천지 포교꾼 3~5명이 우연히 만난 것처럼 포교 대상자에게 접근하고 나이와 학교, 혈액형, 거주지가 자신과 공통점이 있는 것처럼 능청스럽게 연기를 하고 신천지의 세뇌 교육으로 끌고 간다."고 설명했다.

신천지는 미혹 과정에서 과도한 친절을 베풀며 "카페에서 만나자."고 하고 "심리상담 교수님이 바쁘셔서 대신 조교가 와서 1주일에 2번 무료로 상담을 해 준다."며 기독교 상담이나 심리치료를 권한다. 이때 신천지는 "상담을 받는 사실을 가족이나 친구들에게 말하면 변화 속도가 늦어질 수 있으니 비밀로 하라."고 신신당부한다.

심리상담 전공자, 심리치료사, 상담기관 인턴 등으로 신분을 위장한 신천지 신도는 특유의 친화력을 앞세워 상담 프로그램을 진행한다. 어느 정도 친분이 쌓이면 "지금 배우는 치료 프로그램을 5개월 만에 가르쳐

주는 곳이 있다." "이전의 상담보다 기독교 상담으로 배우는 게 좋겠다." "상담치료보다 신앙의 근본적 치료가 필요하다." "아무나 할 수 있는 프로그램이 아니다."라면서 은근슬쩍 신천지 복음방 교육을 추천한다.

교육은 1주일에 4회(월, 화, 목, 금) 오전 10시부터 오후 1시, 저녁 7시부터 10시까지 진행된다. 이때 신천지는 복음방 교육을 효과적으로 진행하기 위해 상담 선생, 강사 등 제3의 인물을 투입한다. 이들은 한국상담심리센터 한국에니어그램협회 등의 마크뿐만 아니라 연세대, 이화여대, 중앙대 등의 대학교 마크를 버젓이 사용하기도 한다.

탈퇴자 B 씨는 "신천지는 포교를 위해서라면 거짓말을 얼마든지 해도 된다는 모략 교리가 있다."면서 "아무런 양심의 거리낌 없이 대학교 마크나 협회 로고 등을 무단으로 가짜 설문지에 삽입한다."고 말했다.

탈퇴자들은 신천지의 포교에 걸리지 않으려면 길거리 설문조사에 절대 응하지 말라고 신신당부했다.

탈퇴자 C 씨는 "신천지의 포교를 피하려면 길거리 설문조사에 응해선 안 되며, 이름과 전화번호도 절대 남겨선 안 된다."고 충고했다.

신천지는 설문조사 말고도 대학 강의실을 빌려 '아프니까 청춘이다' '나를 알고 바꾸는 힘' 등 자기계발 세미나, 연애특강을 열며 포교에 주력한다. 또 힐링 연주회, 힐링 카페, 힐링 바이블 세미나, 바이블 코칭 세미나, 선교후원 아카펠라 공연, 커피 칵테일 시음회, 토크 콘서트 등 다양한 위장 행사를 개최하고 포교 대상자를 찾는다.

2. "상담 때 보안서약서를 썼어요"

신천지의 거짓말 포교 수법은 상상을 초월한다. 신천지는 한국심리상담협회나 한국리더십코칭센터 국제기능교육개발원 등을 사칭해 가짜 코칭 프로그램을 운영한다.

이들이 진행하는 프로그램은 그래픽 테라피, 마인드 콘트롤 상담, 브레인 트레이닝, 의식성장 프로그램, 코칭 프로그램, 스페셜 상담 등이다. 프로그램은 주 3회 진행하며 6개월~1년 과정이다. 1대 1이나 1대 3으로 진행하는데, 강사와 같이 프로그램에 참여하는 사람은 신천지 포교꾼과 포교 도우미들이다.

신천지는 비용 때문에 수강을 주저하는 이들을 위해 포교 대상자에게 바우처 제도가 있다며 현혹한다. 안내문에는 1인 최대 200만 원의 무료 바우처를 지원한다고 홍보한다. 포교 대상자 입장에서 큰 혜택을 받는 것처럼 상황을 연출해서 미혹시키는 것이다.

신천지는 자신들의 정체를 드러내지 않고 은밀하게 교육을 진행하기 위해 포교 대상자로부터 서약서까지 받는다. 보안서약서는 '모든 상담 자료는 저작권법으로부터 보호를 받는다. 상담내용에 대한 정보를 타인에게 유출하는 행위를 법률로 금한다'고 명시돼 있다.

신현욱 한국기독교이단상담소협회 구리상담소장은 "신천지 포교꾼들은 실제 상담사처럼 보이기 위해 코칭 프로그램 서약서와 보안서약서를 작성케 한다."면서 "보안서약서를 쓰는 것은 신천지 교육의 실체를 외부에 노출하지 않고 은밀하게 세뇌 교육을 진행하기 위해서"라고 설명했다.

신 소장은 "상담 포교의 종착점은 이만희 교주를 이 시대의 구원자, 이긴 자, 보혜사로 떠받들게 하는 세뇌 교육"이라면서 "신천지가 이처럼 거짓말을 수시로 하므로 종교 사기 집단이라고 부르는 것"이라고 강조했다.

3. "맘카페 가입하세요" "인스타그램 보고 들어오세요"

신천지는 사회관계망서비스(SNS)도 적극 활용한다. 가상의 단체를 만들고 청년과 젊은 부녀자를 대상으로 기상천외한 포교 활동을 펼친다. 주로 인스타그램, 페이스북, 카카오톡 오픈 채팅, 온라인 카페, 블로그, 맘카페 등을 총동원해서 포교에 주력한다.

대표적인 것이 젊은이의 취향에 맞게 인스타그램으로 접근하는 방식이다. 수제 공방, 문화기획사 등의 이름으로 디저트 만들기, 포토카드 제작, 애완견 봉사 등 다양한 방법으로 접근한다.

신현욱 소장은 "신천지에 빠진 포교꾼들은 14만4천 명 완성을 위한 포교를 위해서라면 죽음까지도 불사할 사람들"이라면서 "코로나19에 감염되고도 정체를 숨긴 채 포교 활동을 했던 이유가 여기에 있다."고 설명했다.

신 소장은 "신천지 신도 중 어학, 포토샵, 음악, 상담, 요리 등에 재능을 가진 사람들이 많다."면서 "이들은 단순히 설문조사 수준을 넘어 SNS를 통해 접촉점을 맺고 주변 추수꾼을 불러들여 상황을 연출하고 신천지 교리 교육에 끌어들이는 만큼 각별한 주의가 요청된다."고 말했다.

신천지에서 탈퇴한 A 씨도 "SNS에서 우연히 만나게 된 사람이 심리상담이나 성경공부를 제안했다면 신천지일 가능성이 매우 크다."면서 "교회 밖에서 진행하는 성경공부는 매우 위험하니 각별히 조심해야 한다."고 당부했다.

4. "중국 선교사 훈련생입니다"

신천지는 포교 대상자에게 신뢰감을 주기 위해 "중국 OOO에서 선교사로 활동하고 있다."며 거짓말을 한다. 혹은 "신학을 마치고 논문을 준비 중인데 간증에 대한 자료가 필요하다."든가 "총회 신학을 하다가 논문을 쓰기 위해 휴학 중인데 간증을 부탁한다."고 한다. 그러면 섭외자(포교대상자) 대부분은 성실하게 응대한다.

이때 그들은 자신의 간증을 하기도 한다. 기도의 은사가 무엇이며 말씀을 깨닫게 해주시고 응답해주신다는 점에 대해 강조한다. 이러한 대화는 첫 만남이라고 하더라도 30분 이상 이어지기 마련이다. 섭외자의 상황을 들으면서 말씀으로 위로한 다음 "간증에 응해 주셔서 감사하는 마음으로 100명을 위한 중보기도를 하고 있는데 기도 제목 주시면 기도해 드리겠다."라고 마무리한다. 더불어 "중보기도를 하다 보면 응답을 주시는데 그때마다 연락처가 없어서 알려줄 수 없어 안타깝다. 응답이 있을 때 연락드리겠다."면서 연락처를 요청한다.

5. "간증문을 받습니다"

그들은 가가호호 포교 활동을 하다가 화장실이 너무 급해 문을 두드렸다고 말한다. 포교 대상자가 문을 열어주면 선교지에 보내줄 물품을 후원해 달라고 부탁한다. 후원할 물품이 없다고 하면 대신 간증문을 써달라고 요청한다.

그리고는 전도의 어려움과 선교 활동의 고충을 설명하며, 간증문이 채택되면 책으로 만들어진다면서 믿지 않는 사람들을 전도하는 데 간증문이 효과적이라고 강조한다. 포교 대상자가 간증문을 제출하고 나면 마음 문을 쉽게 열기 때문에 포섭에 훨씬 유리해지는 것이다. 그들은 간증문을 받을 때 녹음기를 준비한다.

6. "중보기도를 받습니다"

그들은 포교 대상자에게 접근하여 "제가 오늘 아침 새벽기도를 할 때 '너는 오늘 만나는 사람들을 위해 기도하라'는 말씀을 들었어요."라고 말한다. 그리고는 "선교회에서 다니엘 중보기도 회원을 접수하고 있다."면서, "기도할 때마다 전 세계 선교사님들을 위해 한마디만 기도해 주신다면 선교사님들의 사역에 큰 도움이 될 것"이라고 말한다.

또한 "집사님이 기도하면 하나님의 선교 사업에 동참하시는 것"이라고 하면서 "다니엘 중보기도 회원에 가입하면 많은 선교사님들이 회원들을 위해서도 기도해 드린다."고 한다. 그러면서 "집사님의 기도 제목을 위해서도 기도하겠다."면서 기도 제목을 알려달라고 친절을 베푼다.

7. "이 상가에서 가장 신앙 좋으신 분이 누구신가요?"

그들은 어떤 가게든지 들어가서 설문지나 선교사 평가지를 제시하며 "이 상가에서 가장 신앙이 좋은 분이 누구십니까?"라고 묻는다. 정보를 알아내면 바로 그 가게를 찾아가서 "이 상가 입주민 중 가장 신앙이 좋은 분이라고 추천해 주셔서 찾아왔습니다." 라고 인사한 후에 "저는 선교사 후보생인데 현장실습 중에 도움을 구하고자 찾아왔습니다."라고 한다. 그러면서 선교지에 대한 비전과 여러 정보를 제시하면서 후원을 요청한다.

8. "이사 오는데 목사님 말씀이 가장 좋은 교회가 어디인가요?"

주일이나 수요일에 교회가 밀집된 사거리에서 교회 가는 듯한 인상 좋은 포교 대상자에게 다가가 "이곳에 이사 오려고 하는데 어느 교회 목사님의 말씀이 은혜스러운가요?"라고 묻는다.

이 경우 섭외자의 대부분은 자신이 섬기는 교회 목사님 말씀이 좋다고 한다. 그들은 섭외자를 따라 예배를 드리고 전화번호를 주고받은 뒤 "이사 기간이 아직 남았다."라고 여운을 남기고 그 기간 섭외자와의 인간적인 관계를 형성한다. 섭외자에 대해 지속적인 관리를 한 후 복음방에 연결한다.

9. "환상 중에 집사님에게 빛이 들어가더라고요"

그들이 기도원, 영성훈련원, 수양관, 세미나 등에서 사용하는 전도법이다. 신천지는 섭외자에게 다가가서 "뒤에 앉아있는데 환상 중에 집사님에게 빛이 들어가더라."고 말을 걸기도 하고 "멀리서 걸어오는데 머플러가 무지개로 보이더라. 무지개가 무엇인지 아는가?"라고 묻기도 한다. 그리고 "무지개는 너무 좋은 뜻이 있는데 지금은 바빠서 모두 설명할 수 없어서 그러니 연락처를 주시면 자세히 알려 드리겠다."라고 한다.

그들은 섭외자에게 성급히 다가가서 "집사님! 어젯밤 꿈에 큰 태양을 보았는데 방금 집사님 모자가 태양으로 보였어요. 태양이 무엇인지 아세요? 너무 좋은 뜻인데 집사님을 하나님이 크게 쓰시려나 봅니다. 지금은 시간이 안 되고 전화번호 주시면 연락드릴게요."라고 말한다.

섭외자가 기도에 집중해 말 붙이기가 어려우면 쪽지를 이용한다. 쪽지에는 '집사님, 기도 중에 집사님에게 빛이 들어가는 것을 환상 중에 보았습니다. 시간이 없어서 먼저 내려가니 전화하세요. 드릴 말씀이 있습니다.' 라고 적는다.

그들은 섭외자를 향해 깜짝 놀라며 반갑다는 듯 "어머! 어디서 많이 본 분이라고 생각했더니 어젯밤 꿈에 본 그 얼굴이네요. 너무너무 신기하다. 하나님께서 인도해 주셨네요."라고 말한다. 그리고 "꿈에 이렇게 똑같은 옷을 입은 집사님과 둘이 팔짱을 끼고 예수님을 만났거든요." 하면서 상황에 따른 꿈 얘기를 한다.

신천지가 청년층을 끌어들이기 위해 도형상담을 할 때 사용하는 멘트

성가대 지휘자가
신천지였다

2020년 3월 대구 문성교회 성가대 지휘자 A 씨가 신천지 소속 추수꾼이었던 것으로 밝혀져 지역 교계에 큰 충격을 주었다. 대한예수교장로회 합동 소속인 문성교회는 문성의료재단 부설로 20여 년 전 설립됐으며, 문성병원 11층에 있다.

신천지 추수꾼이었던 A 씨는 병원 주차관리원으로 일하면서 이 교회에서 집사 직분을 갖고 성가대 지휘까지 했다. 그는 코로나19 확진 판정을 받고도 병원과 주변에 신천지 신도라는 사실을 계속 숨겼다. 그러다가 대구 남구보건소에서 신천지 신도라는 사실을 확인해 주면서 정체가 드러났다.

대구의 B 목사는 "신천지 신도 A 씨 부부가 최근 추수꾼으로 교회에 잠입했으며, 2월 신천지 모임에 갔다가 코로나19에 감염된 것으로 확인됐다."면서 "그런데도 A 씨는 자신의 아내가 가는 미장원 주인이 신천지라서 부인이 감염됐다고 뻔뻔스럽게 거짓말을 했다."고 말했다. 이어 "문성병원에선 이후 A 씨의 행적이 수상해 남구보건소에 이 사람이 신천지인지 확인해 달라고 요청했고 신도라는 답변을 받았다."고 설명했다.

B 목사는 "대구의 여러 교회가 신천지 추수꾼 때문에 코로나19에 감염되는 피해를 보고 있다."면서 "방역 당국은 교회가 신천지 예방에 나설 수 있도록 신천지 신도 명단을 건네야 한다."고 요구했다.

문성병원 근처에서 목회하는 C 목사도 "문성병원과 문성교회는 신천지와 전혀 상관이 없는데, 신천지 포교꾼 때문에 20명의 확진자가 발생하고 병원이 폐쇄되는 등 큰 피해를 본 상태"라면서 "이렇게 거짓말로 포교 활동을 펼치는 신천지 때문에 대구 교계는 물론 사회까지 막대한 피해를 보고 있다."고 성토했다.

C 목사는 "방역 당국이 지금처럼 악랄한 사이비 종교집단인 신천지의 신도 명단을 공개하지 않는다면 교회는 코로나19에 감염된 추수꾼 때문에 속수무책으로 당할 수밖에 없다."면서 "무더기로 확진자가 발생하기 전에 신천지 명단을 하루빨리 넘겨야 한다."고 촉구했다.

CHAPTER 3

신천지 색출법

신천지 | 이단옆차기

세뇌 교육 때
이 그림
꼭 가르친다

신천지 예방이 어려운 이유가 있다. 한국교회와 똑같은 성경책을 갖고 성경공부를 하기 때문이다. 장, 절이 틀린 것도 아니고 성경구절이 잘못된 것도 아니다. 성경을 암송하고 쓰는 용어도 비슷하다. 대놓고 신천지 성경공부라고 명시하지도 않는다.

게다가 성경 개요 등 일부는 교회에서 배운 내용이다. 일부 생소한 내용도 있지만 늘 '성경에 부족함이 있다.'는 생각을 하는 성도들에겐 자신의 부족함을 인정하고 겸손하게 배워야 할 내용일 뿐이다. 그래서 평신도 입장에서 신천지의 잘못된 성경공부를 간파하기는 쉽지 않다.

저자의 고민도 여기에 있었다. 외부에서 진행하는 성경공부를 전면 차단한다고 해결될 문제가 아니었다. 건전한 선교단체에서 진행하는 성경공부가 타격을 입을 수 있었고, 정통교단의 마크를 도용한 위장교회에서 진행하는 신천지 교리교육에 면죄부를 주는 상황이 발생할 수도 있었다.

그래서 고심 끝에 그들의 급소를 찾기 위해 신천지 탈퇴 강사로부터 교육을 1주일간 받아봤다. 교육의 결과 신천지의 성경공부는 모태 신앙인으로서 한 번도 배워보지 못한 생소한 내용이었다. 정통교회에서 사용하는 똑같은 개역개정판 성경을 사용하다 보니 이 성경 구절을 활용하면 신천지라고 지목하기에도 한계가 있었다.

그래서 발견한 것이 그림이었다. 신천지는 반드시 핵심교리를 가르칠 때 그림을 그린다. 그림은 마치 수학에서 구구단과 같은 개념이었다. 어차피 거짓말 포교법은 상상을 초월하는 방법으로 할 것이니 구별한다는 것은 불가능하다. 그래서 신천지에 끌려갔더라도 이런 그림을 봤다면 빨리 나오라는 예방 지침을 제시하게 된 것이다. 신천지로 들어가는 입구에서 그림을 봤다면 속히 나오라는 취지에서였다.

신천지에 미혹된 성도들은 보통 2개월간의 복음방 교육과 2개월간의 초등교육을 받으면서 교육받는 곳이 신천지라는 사실을 모른다. 대신 말씀이 신기하게 맞아떨어지는 것에 희열을 느끼며 성경공부에 몰입한다. 신천지는 복음방 교육과 초등교육에서 신천지와 이만희 교주를 절대 드러내지 않는다. 자신이 공부하는 곳이 전국민의 관심을 받은 사이비종교집단 신천지라는 사실을 알고 남아있을 사람은 없기 때문이다.

신천지가 약 4개월간 가르치는 내용은 책자 2권 분량이다. 이들은 문답 형식으로 비유풀이를 하며, 성경구절을 일일이 찾아가며 가르친다. 이때 칠판에 그림을 그리며 비유풀이 이해를 돕는다. 따라서 교육 때 반드시 가르치는 비유풀이 그림만 숙지해도 적잖은 예방효과를 볼 수 있다.

1. 목자 구분

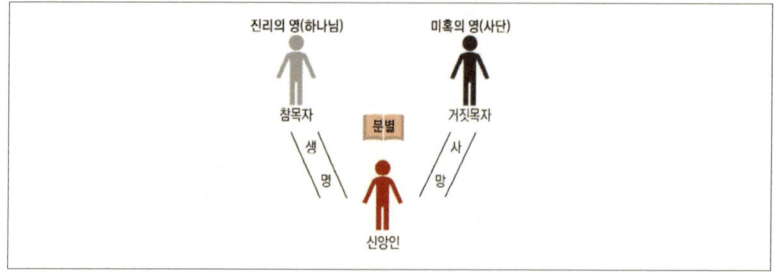

신천지는 이 세상이 영계와 육계, 하나님의 선, 사단의 악으로 구분된다고 가르친다. 따라서 참된 신앙인이 되기 위해선 참 선지자(목자), 진리, 생명을 선택해야 한다고 주장한다. 그들은 선과 악, 진리와 비 진리, 참 목자와 거짓 목자를 분별할 수 있는 기준이 성경이기 때문에 성경공부가 무엇보다 중요하다고 강조한다.

2. 예언과 성취

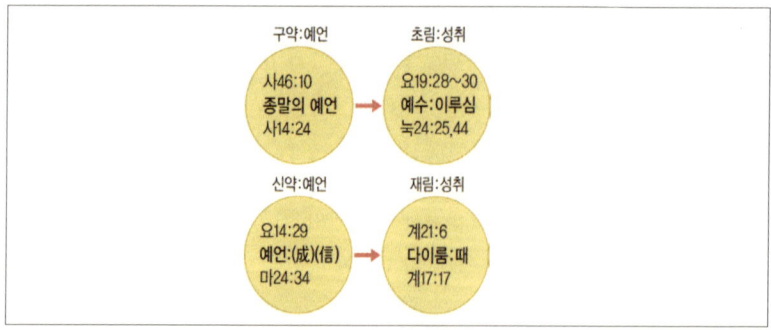

신천지는 구약의 예언이 초림 때 성취됐으며, 신약의 예언이 다시 재림의 때 성취된다고 주장한다. 그들은 성경이 역사, 교훈, 예언으로 구분되며 예언의 성취(순리)는 '배도-멸망-구원'에 따라 성취된다고 가르친다. 이때 "예언서가 비유, 빙자, 비사, 상징이라는 특징을 갖고 있으며 성경의 예언은 비유로 봉함된 글"이라는 왜곡된 성경관을 주입한다.

3. 성경과 비유

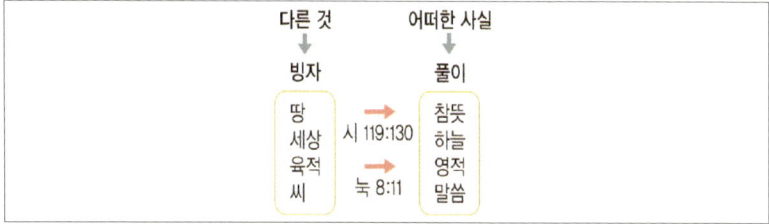

신천지는 비유가 하늘의 영적 이치를 땅의 육적인 것을 들어 설명하는 것이라고 가르친다. '비슷한 성질의 다른 것을 빙자해서 어떠한 사실을 설명한다.'는 것인데 비유 안에 천국 비밀이 있다고 주장한다. 그들은 비밀은 예언 속에 있고 예언은 비유로 기록되었으며, 비유 풀이를 통해 예언 속의 비밀을 깨닫고 뜻대로 행할 수 있다고 강조한다. 만약 비유를 깨닫지 못한다면 죄 사함을 얻지 못해 구원에 이르지 못한다고 위협해 비유 풀이를 배우게 한다.

4. 비유와 비밀

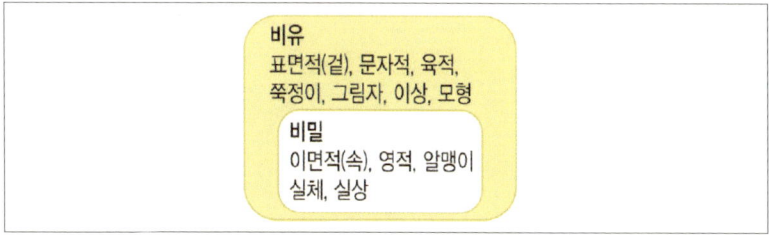

신천지는 비유 풀이의 중요성과 당위성을 포교 대상자에게 은연중에 주입한다. 이때 비밀과 비유 그림을 제시하며 '비유 속에 전달하고자 하는 본래의 참뜻, 실체, 실상이 있다'고 가르친다. 정통교회에선 비유가 성경 말씀을 쉽게 이해하도록 하기 위한 개념이라고 말한다. 하지만 이단 사이비 집단인 신천지는 '비유가 감추기 위한 방법이며 비유 속에 전달하고자 하는 본래의 참뜻, 실체, 실상이 들어있다'면서 '비유 풀이를 통해서만 예언 속 비밀을 깨닫고 그 뜻대로 행할 수 있다'는 황당한 주장을 편다.

5. 씨의 종류

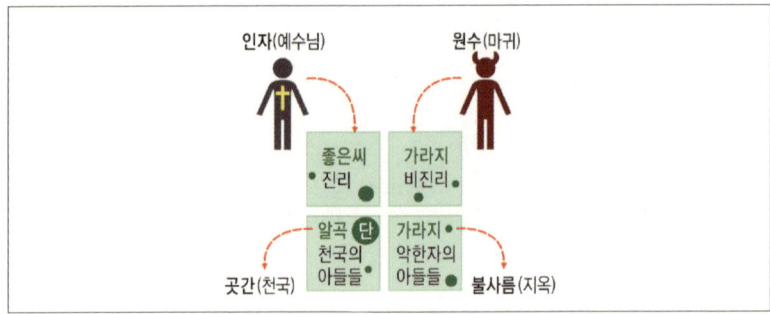

신천지는 세상에 사람의 씨와 짐승의 씨가 있는데 하나님의 씨는 추수의 때 곳간(천국)으로 들어간다고 주장한다. 반면 사단의 씨는 가라지, 쭉정이처럼 심판과 불사름(지옥)을 당한다고 경고한다.

6. 비유한 나무

신천지는 하나님의 씨가 말씀이며, 씨가 자라 생명나무를 이룬다고 주장한다. 이때 밭은 마음, 나무는 사람, 가지는 제자, 잎은 전도자, 열매는 성도, 나무에 깃드는 새는 영을 의미한다고 주장한다. 신천지는 어떤 씨로 된 생명나무, 선악 나무인가에 따라 임하는 영도 성령과 악령으로 나뉜다고 주장한다.

7. 비유한 누룩

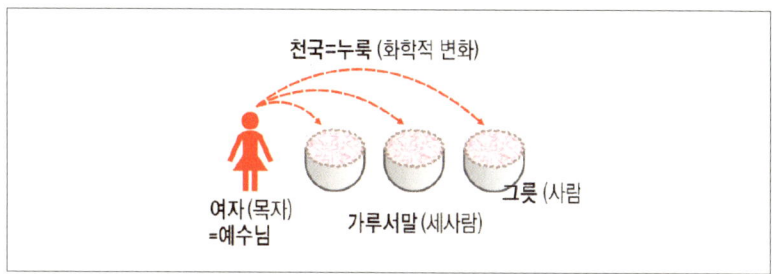

신천지는 누룩에 하나님의 누룩과 사단의 누룩이 있다고 주장한다. 그들은 사두개인, 바리새인의 누룩을 사단의 누룩(교훈 주의)이라고 하며 경멸한다. 반면 하나님의 누룩은 마태복음 13장 33절 말씀을 인용하며 교훈의 말씀이라고 강조한다. 여자(참 목자)가 누룩 서 말을 그릇에 담아 부풀게 하듯 신천지의 말씀이 심령을 변화시키기 때문에 마지막 때 꼭 먹어야 하는 영의 양식이라고 주장한다.

8. 비유한 그릇

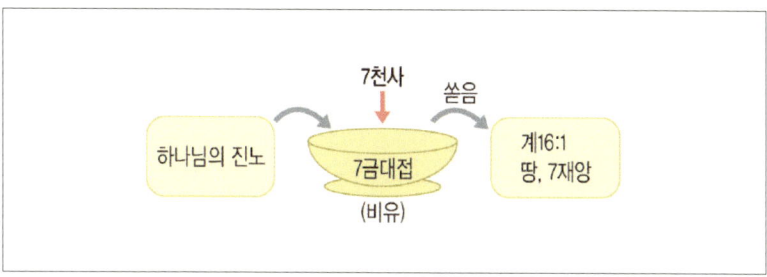

신천지는 그릇 속에 들어 있는 내용물에 따라 그릇의 용도와 이름이 결정된다면서 '비유한 그릇' 교육을 통해 하나님의 말씀을 받은 사명자가 될 것을 강조한다. 그들은 토기장이(하나님)가 진흙(사람)+물(말씀)+불(말씀)을 통해 그릇(사명자)을 만들어내듯 좋은 그릇, 택함 받은 사명자, 성전이 되어야 한다고 주장한다.

9. 비유한 향로

신천지는 불을 담아 향을 피우는 그릇인 '향로' 비유로 자신들만이 진짜 말씀과 기도가 있는 곳이라고 주장한다. 이때 향로는 사람의 마음을 의미하며, 불은 말씀, 향은 성도의 기도, 향연은 기도의 상달을 의미한다고 주장한다. 그들은 마음에 하나님의 말씀을 담는 기도가 응답받는 기도며, 말씀이 없는 기도는 상달 되지 않는다며 말씀 공부의 중요성을 재차 강조한다.

10. 비유한 가마

신천지는 가마, 솥, 냄비 비유를 통해 한국교회를 경멸하게 만든다. 그들은 비유를 풀이할 때 나무를 목자, 불을 말씀(진리, 비 진리), 고기를 성도, 가마를 교회, 성읍이라고 주장한다. 따라서 거짓 목자가 사탄의 불, 비 진리의 불로 성도들을 끓는 가마에 넣고 삶아 영혼을 죽게 한다고 정죄한다. 반면 자신들은 참 목자의 인도로 죄와 더러움이 소멸되고 영이 살아난다고 강조한다.

11. 낮과 밤의 역사

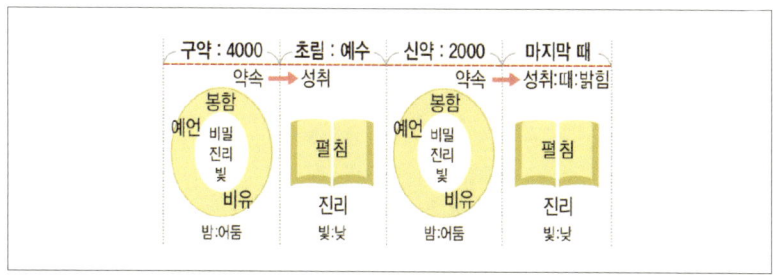

신천지는 구약 4,000년간 예언의 말씀이 봉함돼 있었지만 초림 때 예수님이 나타나 진리의 말씀이 펼쳐졌다고 가르친다. 그들은 신약 2,000년간 다시 예언의 말씀이 봉함돼 어둠에 빠져 있었지만, 재림 성취의 때 밝히 펼쳐진다고 주장한다. 그리고 마지막 때 신천지만이 비유를 풀 수 있기 때문에 빛의 자녀가 될 수 있으며, 말씀을 가진 자신들만이 어둠을 밝히는 진리의 성읍이라고 강조한다.

12. 초림과 재림의 눈

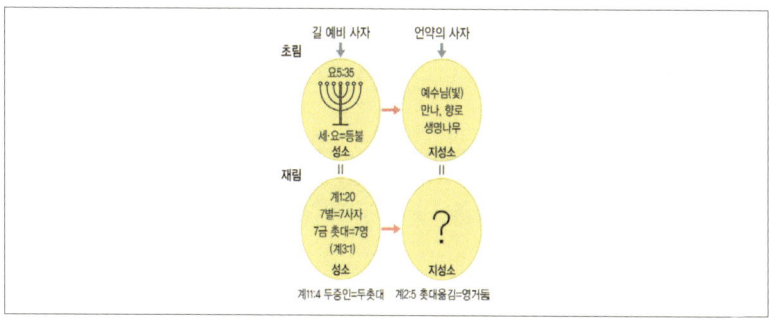

신천지는 등대와 등불이 어둠을 밝히며, 빛이 오기 전에 사용한다고 가르친다. 그들은 등불과 등대를 켜는 시기가 있으며, 재림 때 7영의 역사가 있을 것이라고 주장한다. 등대, 촛대, 눈은 영, 사명자를 의미하며 등불은 영이 함께 하는 것을 뜻한다고 강조한다.

13. 비유한 물

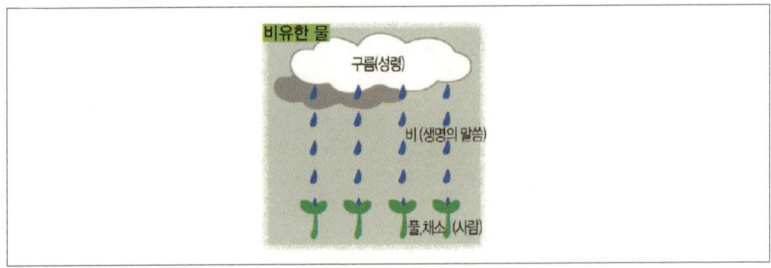

신천지는 비유한 물 비유를 통해 생명의 근원이 말씀(물)에 있다고 주장한다. 구름은 성령을 의미하고 말씀이 이슬, 비처럼 내릴 때 하나님의 백성인 채소, 풀, 나무가 자라난다고 주장한다. 그들은 마지막 때 기근과 기갈이 있을 것인데 말씀(물)을 깨닫고 순종할 때 영혼이 깨끗해지고 죄와 더러움을 씻을 수 있다고 주장한다.

14. 비유한 배

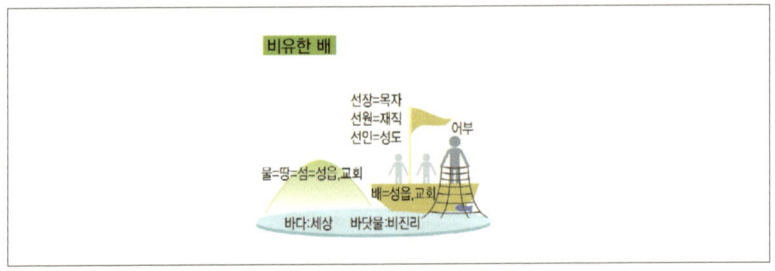

신천지는 물 위에 운행하는 배 비유를 통해 자신의 조직에서 활동해야 한다고 세뇌한다. 바다는 사단, 마귀가 사는 곳이며 어부는 말씀을 전하는 신천지 목자, 전도자이다. 바닷속 고기는 천국 말씀의 그물에 잡혀 천국에 담길 때 바벨론의 심판을 면할 수 있다고 강조한다.

15. 비유한 산

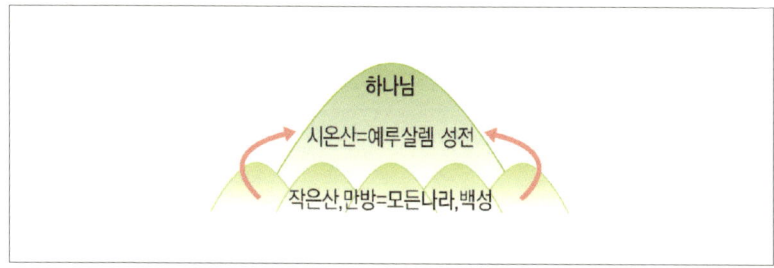

신천지는 자신을 예루살렘, 진리의 성읍, 시온산이라고 주장한다. 작은 산, 만방, 모든 나라와 백성은 멸망하기 때문에 하나님과 예수님이 오시는 시온산, 예루살렘 성전으로 가야 한다고 주장한다. 그들은 정통교회를 심판과 멸망하는 배도의 산으로 가르치며, 마지막 때 구원의 산, 14만4천 명이 있는 시온산에 가야 한다며 신천지로 유월(이동)을 유도한다.

16. 하나님의 보좌 형상도

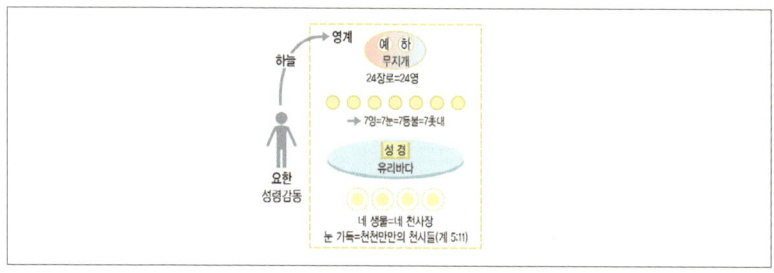

신천지는 비유한 생물 강의에서 '하나님의 보좌 형상도'를 가르친다. 계시록 4장에서 세례요한이 성령의 감동을 받아 올라가 본 하나님의 보좌 형상도에는 하나님과 24장로, 7영(7눈, 7등불, 7촛대), 네 생물(네 천사장) 유리 바다가 있다고 주장한다. 신천지는 14만4천 명을 인치고 자신들을 통해 만국이 소성하는 구원의 역사가 이뤄진다고 주장한다.

17. 구원의 노정순리

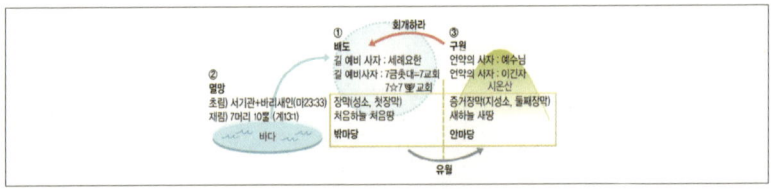

신천지는 구원의 노정순리가 '배도-멸망-구원'에 따라 진행된다고 강조한다. 그들은 초림 때 세례요한이 배도하고 서기관과 바리새인에 의해 멸망을 당했으며 예수님이 구원의 역사를 펼쳤다고 주장한다. 이어 재림 때는 일곱 금 촛대 장막이 배도를 했고 재림 때 일곱 머리 열 뿔에 의해 멸망을 당했으며 이긴 자에 의해 구원받는다고 가르친다. 따라서 재림 때 구원의 역사를 펼치는 이긴 자에게 유월(교회를 옮김)해야 한다고 강요한다.

18. 기타 그림

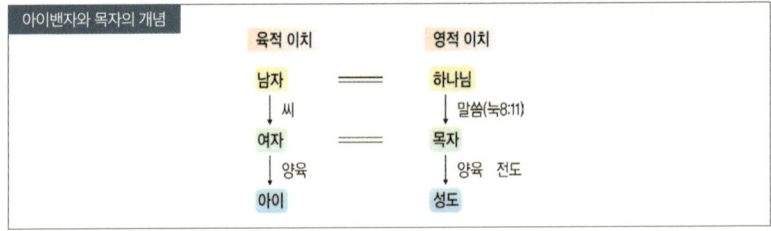

그밖에 신천지는 비유론을 가르치며 다양한 그림을 그린다. 비유한 빛과 등대, 비유한 보물, 비유한 부자, 비유한 노래, 비유한 바다, 어부, 그물, 고기, 배 등은 정통교회에서 절대 가르치지도 않는다. 특히 여기에 나오는 그림은 절대 그리지도 않는 것들이다.

따라서 성경공부 중에 똑같은 그림이나 유사한 그림을 봤다면 100% 신천지가 맞다. 이런 그림을 봤다면 한국기독교이단상담소협회(jesus114.net)에 연락을 하고 향후 대응방안을 지도받는 것이 가장 현명한 방법이다.

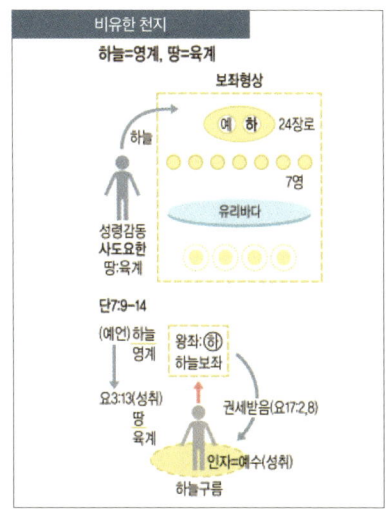
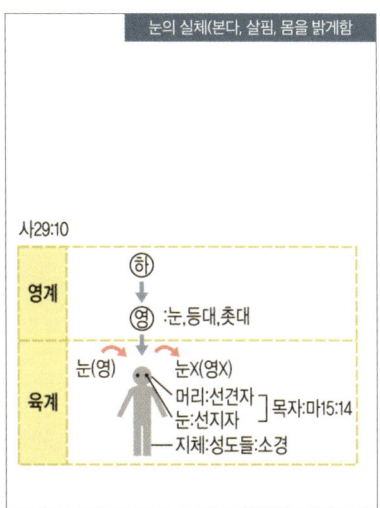

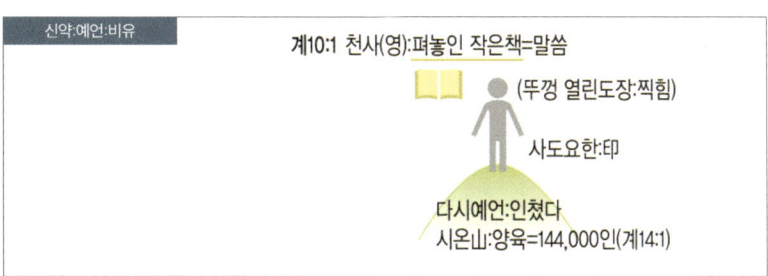
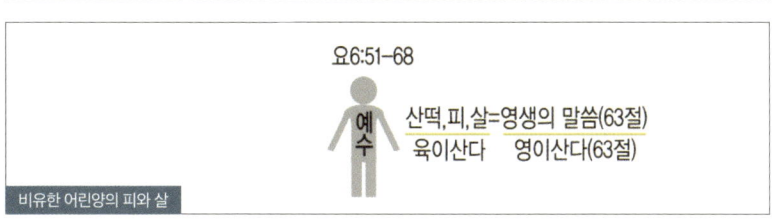

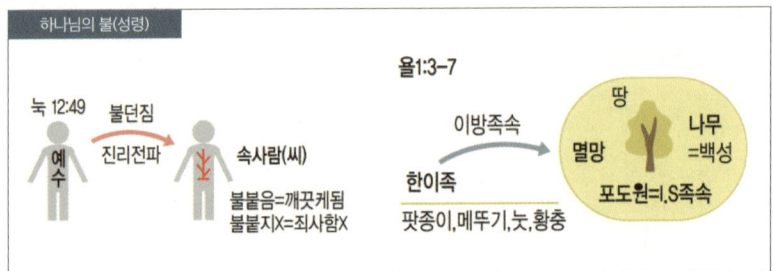

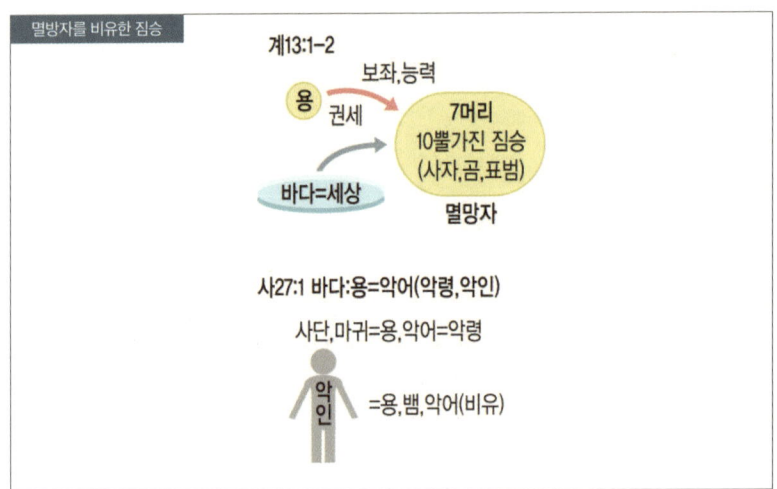

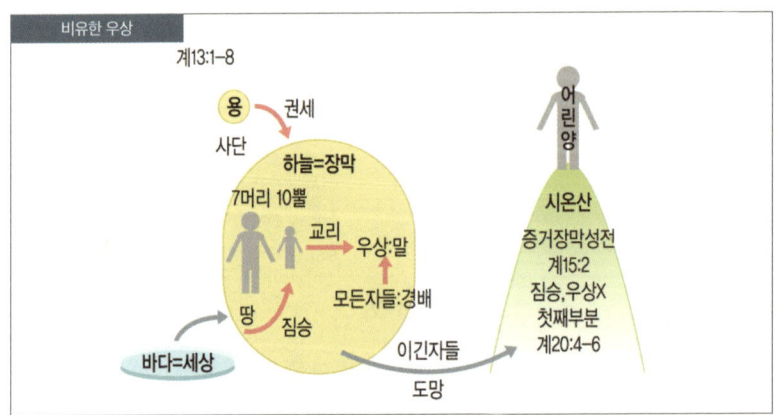

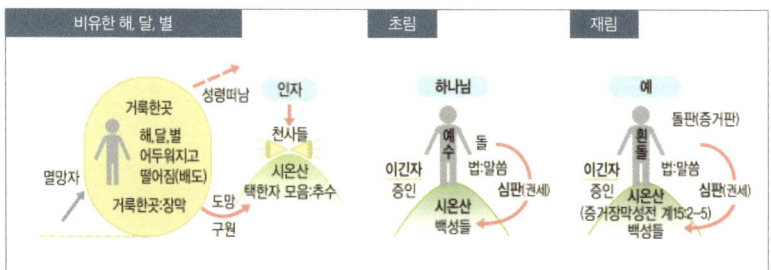

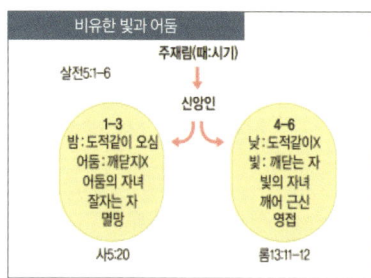

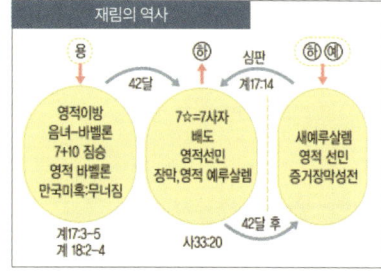

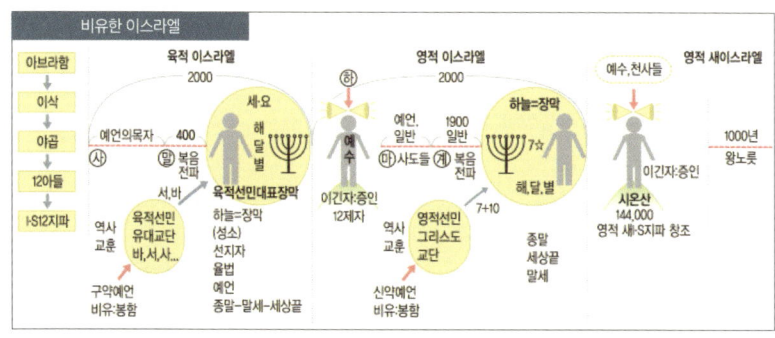

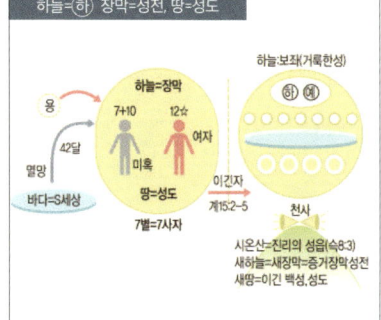

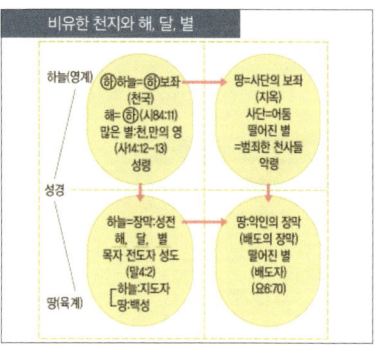

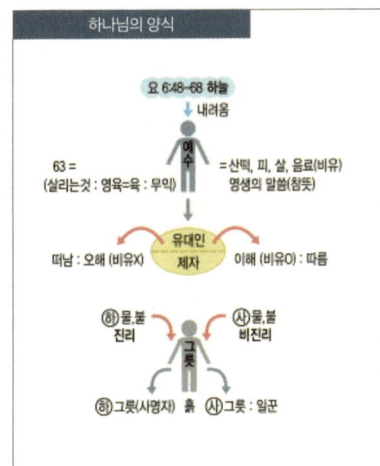
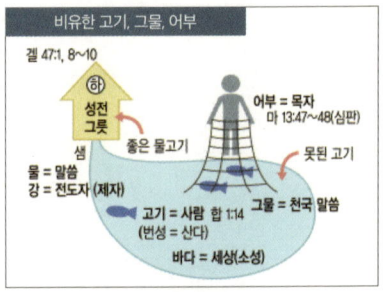
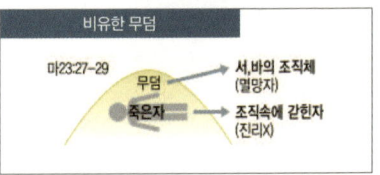
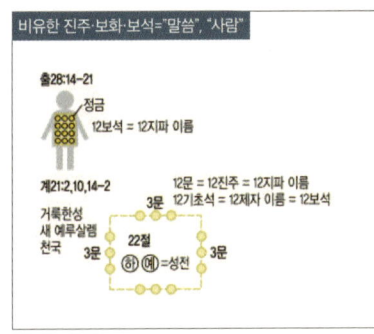
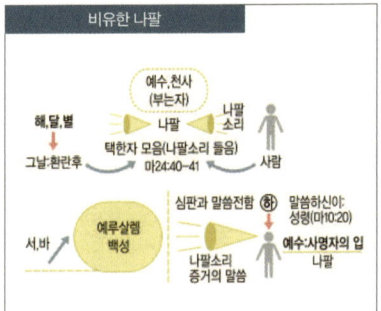
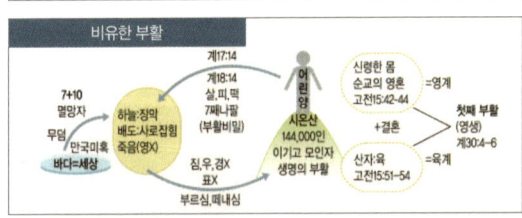
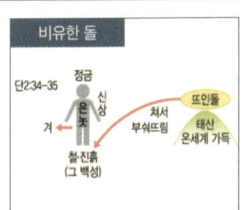
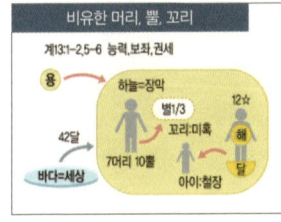
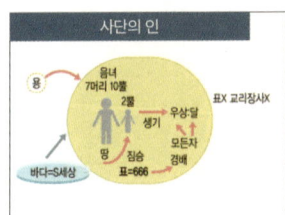

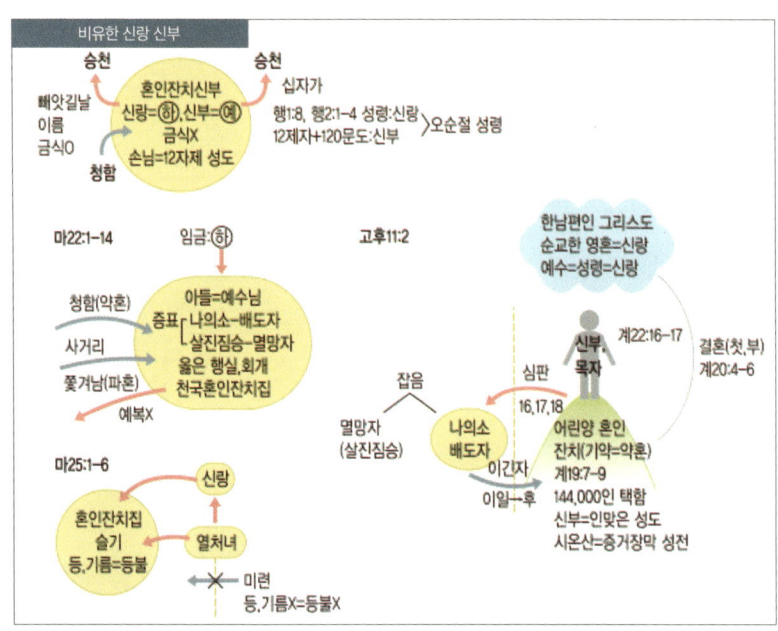

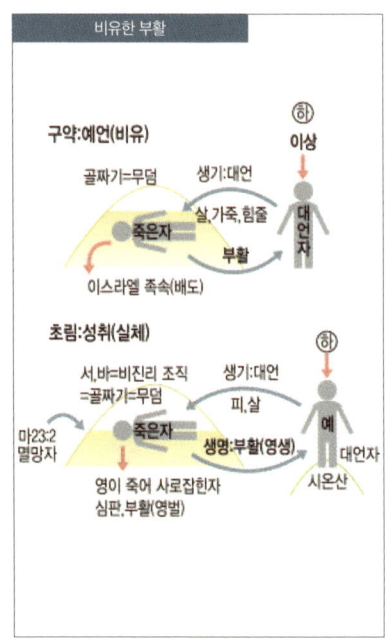

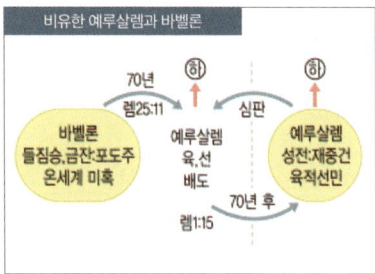

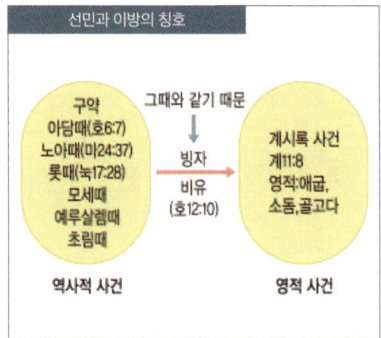

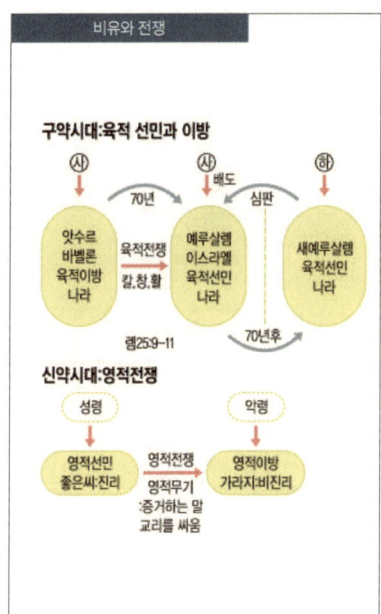
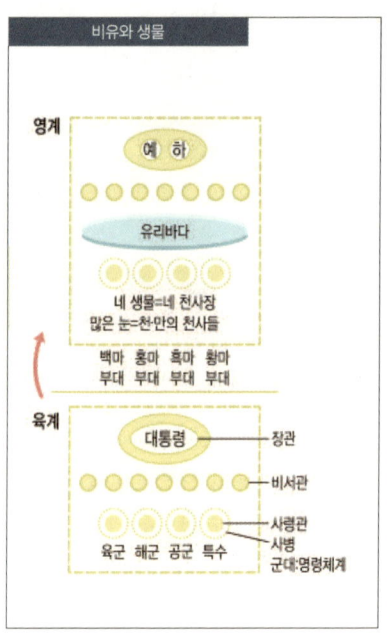
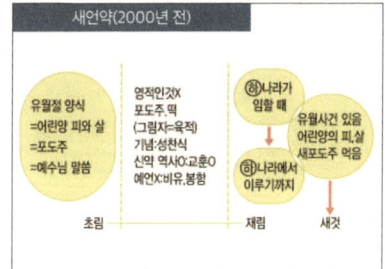

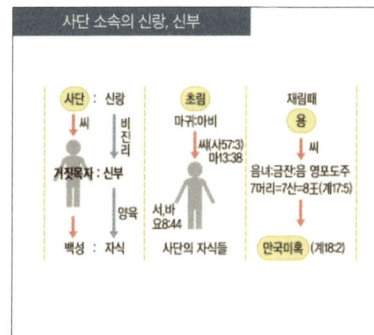
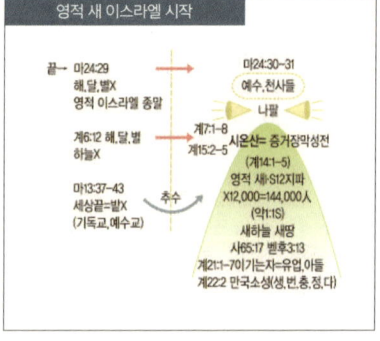

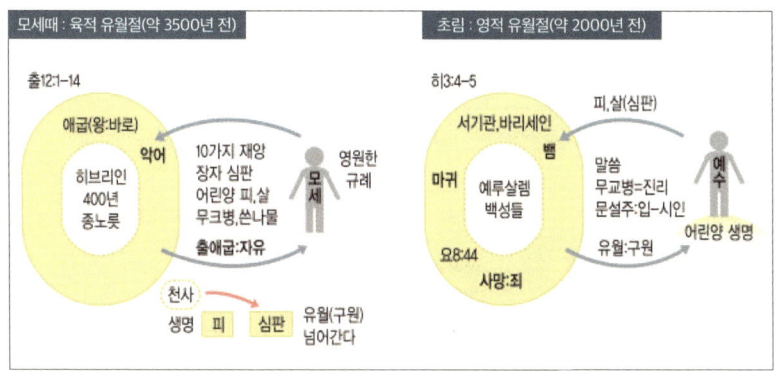

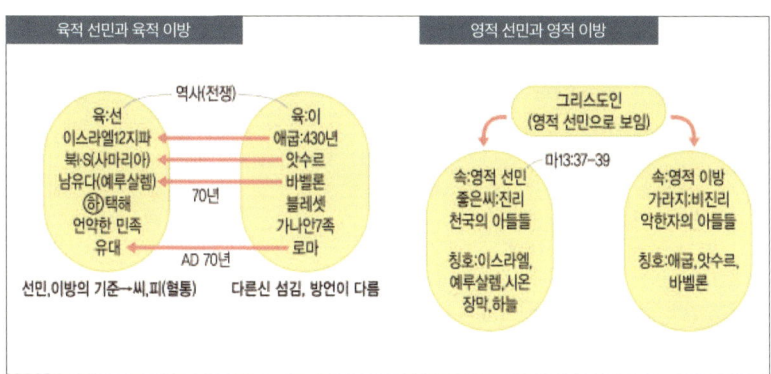

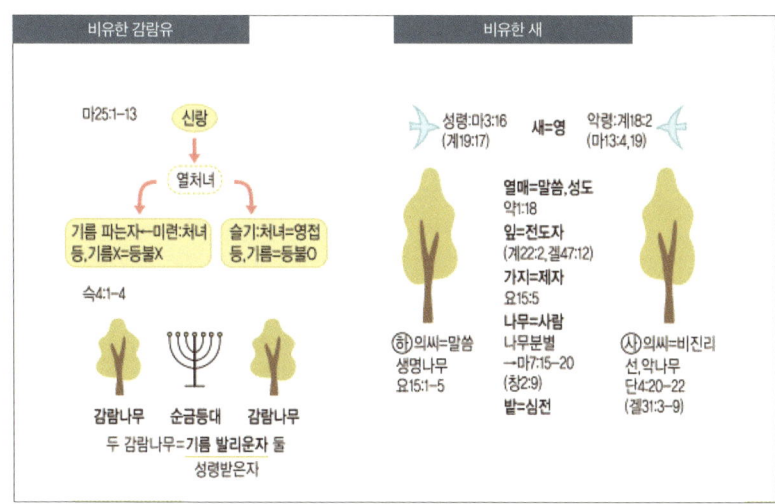

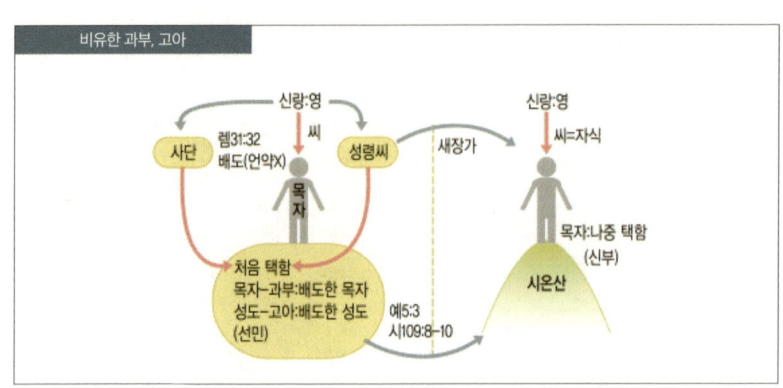
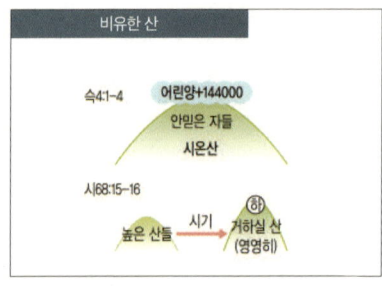
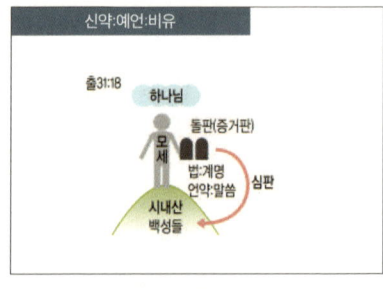
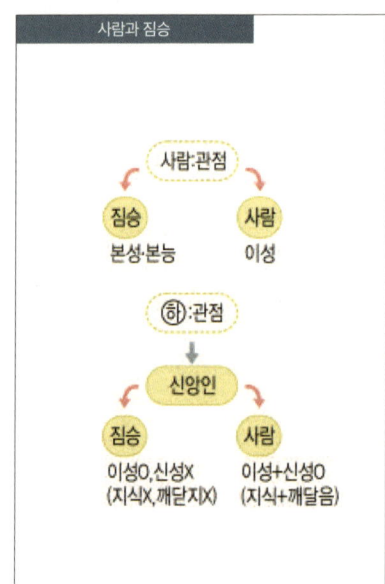
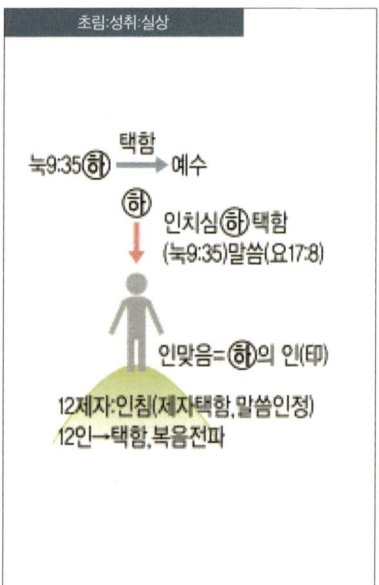

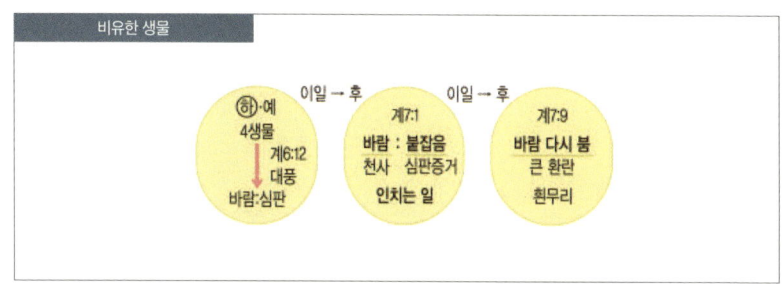
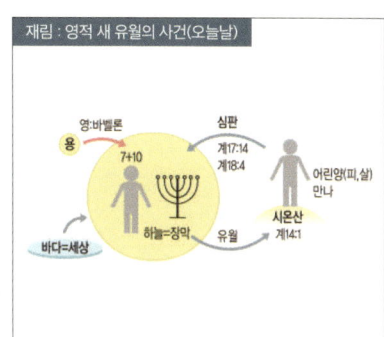
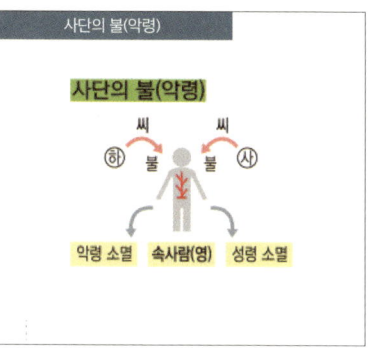
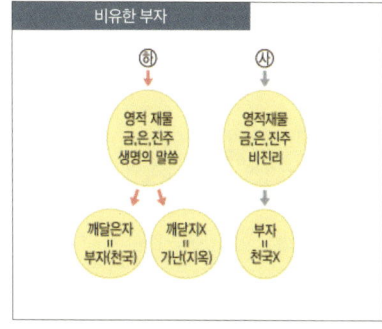
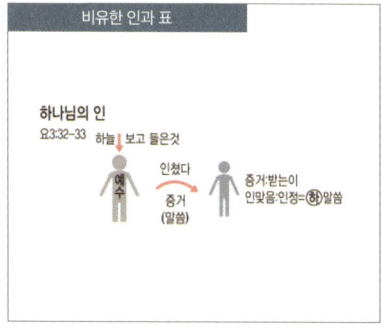
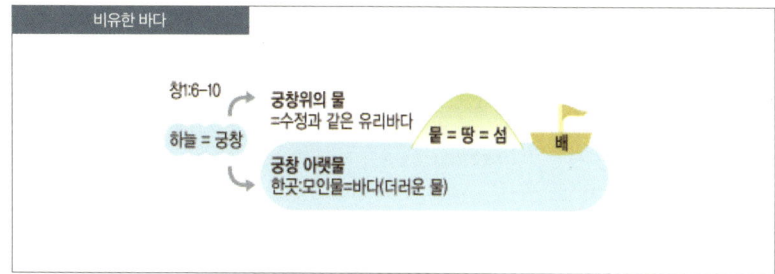

신천지의
감성적 여론전

신천지예수교증거장막성전(신천지)이 검찰 수사를 앞두고 감성적인 여론전을 시작했다.

신천지 김시몬 대변인은 2020년 2월 28일 유튜브를 통해 "신천지를 향한 마녀사냥이 극에 달했다."면서 "신천지 신도들을 향한 저주와 증오를 거둬 달라. 확인되지 않은 정보와 가짜뉴스를 동원한 일부 언론의 비방과 탄압을 즉각 중단하라."고 공식 입장을 밝혔다.

김 대변인은 "신천지 신도 중에는 신앙을 이유로 가족으로부터 폭행과 핍박, 심지어 생명의 위험에 처한 이들이 많다."면서 "이단상담소에 끌려가 감금·폭행 등 불법행위에 시달린다."고 주장했다. 그는 "난무하는 가짜뉴스와 기성 교단이 자신들의 기득권을 지키기 위해 만든 '이단' 프레임에 대해서도 평소처럼 끝까지 맞설 것"이라고 주장했다.

신천지는 이때 전국신천지피해자연대(전피연)의 검찰 고발을 의식했는지 교주의 횡령 배임에 많은 시간을 할애했다.

김 대변인은 "자료 제출을 거부하거나 허위 자료를 제출 또는 은폐했다며 감염병 예방법 위반죄로 고발한 내용은 전혀 사실이 아니다."라면서 "횡령·배임으로 고발한 내용은 모두 신천지를 비방하는 단체와 소속 회원들이 벌인 고발"이라고 의혹을 회피했다.

반사회적 종교집단 때문에 피해를 본 부모들은 신천지의 이런 여론전에 어이없다는 반응이다.

신천지에 빠진 자녀를 2년째 찾고 있는 A 씨는 "신천지에 빠진 딸이 2년째 연락을 끊고 생사조차 확인할 수 없어 애간장을 태우고 있다."면서 "신천지는 지난해부터 딸을 보내준다고 했지만, 약속을 지키지 않고 있다. 지금도 길거리에서 자녀를 찾아 헤매는 부모의 참담한 심정을 생각한다면 그런 망발을 해선 안 된다."고 울분을 토해냈다.

이어 "폭행과 폭언, 협박, 미행이야말로 신천지의 주특기"라면서 "그런데 어떻게 자신들이 폭행과 협박, 생명의 위협을 느낀다고 거짓말하는지 이해되지 않는다. 정말 거짓말을 일삼는 최악의 사기 집단"이라고 목청을 높였다.

A 씨는 "자신에 대한 저주와 증오를 거둬달라고 하던데, 사이비 종교집단에 대한 비판이 어떻게 저주 증오 혐오 가짜뉴스라는 말이냐."면서 "코로나19 유행이라는 국가재난의 상황에서 말장난은 그만두라."고 요구했다.

B 씨도 "가출한 딸 때문에 청와대와 국회 앞, 길거리, 신천지 위장 교육장에서 목

이 터지라고 외쳤다."면서 "지금도 아이가 살았는지, 코로나19에 감염되지는 않았는지 밤잠을 설치고 있다."고 울먹였다. 그는 "국민의 생명이 촌각을 다투는 상황에서 신천지가 또다시 감성적인 용어로 정부와 국민을 속이려 하고 있다."면서 "신도명단을 모두 공개한 뒤 교주 구속, 조직 해체만이 답이다. 검찰의 엄정 수사를 간곡히 부탁드린다."고 말했다.

C 씨도 "신천지에 빠진 아이는 6년째 사이비 종교에 빠져 14만4천 명 안에 들어 영생한다며 직장을 포기하고 인생을 허비하고 있다."면서 "딸을 구출해내기 위해 1인 시위를 하자 신천지 신도들이 직장과 자택까지 떼로 찾아와 해코지했다."고 성토했다.

그는 "심지어 사이비 집단은 부모를 고발하라며 사주까지 하고 있다. 이런 반윤리적 집단은 없어져야 한다."면서 "검찰은 신천지가 배임 횡령 및 코로나19 확산과 관련된 자료를 파기하기 전 압수수색에 착수해야 한다."고 촉구했다.

신천지는 이날 '교회' '성도'라는 단어를 써가며 자신들이 마치 한국교회의 일원인 것처럼 주장했다.

신평식 한국교회총연합 사무총장은 "몇 개월 전까지만 해도 신천지가 한국교회를 공격할 땐 신천지예수교증거장막성전이라고 당당하게 밝혔다."면서 "하지만 코로나19로 최악의 상황에 몰리자 '신천지예수교회' '성도'라는 단어를 써가며 마치 한국교회 일원인 것처럼 위장하고 있다."고 비판했다.

신 사무총장은 "시한부 종말론에 빠진 피해자를 구출하는 선량한 활동이 어떻게 강제개종, 폭력에 해당한다는 말이냐."면서 "사이비 종교집단이 말장난으로 국민을 우롱하고 있다. 신도 전체 명단을 정직하게 공개하고 죗값을 치러야 한다."고 촉구했다.

신강식 전피연 대표도 "신천지 피해자 사이에선 '신천지는 숨 쉬는 것 빼고 모두 거짓말'이라는 우스개가 있다."면서 "금품갈취 폭언 미행 협박 고소 등을 일삼는 사이비 신천지의 종교사기 행태는 국민이 생각하는 것 이상으로 상상을 초월한다."고 말했다.

신 대표는 "육체영생 사기집단의 거짓말 포교 때문에 이혼 가출 학업포기 가정파괴 현상이 수없이 나타나고 있다."면서 "이 집단을 그대로 두면 언젠가 여러분의 가족이 피해를 입을 것이다. 제발 사이비 종교집단의 감성적 용어 전술에 넘어가지 않았으면 좋겠다."고 부탁했다.

신천지 | 이단옆차기

신천지의 피해사례 5가지

사례1

내 아들이 가출하다니!

"그렇습니다. 그 교회에 소속되어 있습니다. 1년 전부터 신천지를 알았고 공부도 마쳤으며, 정식 예배를 드리고 있습니다… 이단이라는 이유로… 잠시 떠나는 저를 이해해주세요."

경기도 파주에 사는 김 씨(50세·여)는 아들 이 씨(27세)가 남긴 메모지를 읽으며 손을 부들부들 떨었다. '신랑감 1순위'로 손꼽히며 착실했던 아들이 메모지 한 장 달랑 남기고 가출을 한 것이다.

사건의 발단은 "괜찮은 교회가 있다."는 아들의 소개로 온 가족이 파주 금촌동 한사랑교회에 등록하면서 시작되었다. 새벽기도회와 철야기도회가 없어서 의문이 있었으나 기독교대한성결교회 로고가 교회 간판에 표시되어 있고, 주보에도 기성 교단 소속이라고 되어 있었다.

무엇보다 담임목사의 설교가 귀에 쏙쏙 들어왔다. 김씨는 담임목사에게 "목사님 설교가 너무 좋아요. 1시간 설교를 30분 더 연장해 주시면 좋겠어요."라고 부탁할 정도였다. 교인 80여 명 중 청년이 30명가량이었는데 모두 열심히 신앙생활을 해서 남편도 만족해했다.

김 씨가 이상하다고 느낀 것은 국민일보 기사를 보고 나서였다. 신천지 위장교회 리스트에 한사랑교회가 들어 있었다. 몹시 당황한 김 씨는 기성총회에 연락했고 '한사랑교회'는 기성 교단에 소속되어 있지 않으며, 현재 이단대책위원회에서 조사 중이라는 답변을 들었다.

또한, 예장합동 출신이라던 담임목사의 이름이 '총신대 신대원 총동창회 주소록'에 나오지 않는다는 사실도 알게 되었다. 성경공부 교재인 <MBS(Man to man Bible Study)>가 신천지복음방 교재라는 것도 확인되었다.

충격을 받은 김 씨는 가족들과 함께 3천 명이 모이는 다른 교회로 이적하게 되었다. 그런데 가족이 함께 한국기독교이단상담소에서 상담받기로 한 그날 새벽에 아들이 집을 나가고 말았다. 김 씨는 "신천지가 어떤 집단이기에 이처럼 뻔뻔스럽게 거짓말을 하는데도 멀쩡한 내 아들을 속여 가출하게 만드느냐."며 눈물을 흘렸다. 한사랑교회 주보에는 '다음 달 교회를 옮긴다'고 쓰여 있었다.

사례2
너 같은 놈 하나 없어져도 그만이야!

대학생 이 씨는 밤 11시 45분쯤 인천 용현동 집 앞에서 집단구타를 당했다. 가해자는 8개월 넘게 형, 동생 하며 친하게 지내던 신천지 신도 3명이었다. 그들은 신천지 포교를 방해했다며 손찌검을 하고 무차별 발길질을 했다. 살려달라고 소리를 지르자 입안에 손을 넣어 저지했다. 얼굴이 온통 피투성이가 될 정도로 30분간 폭행이 이어졌다.

"이 개XX야! 네가 뭘 잘못했는지 몰라? 빨리 차에 타. 안 그러면 산에 묻어 버린다. 너 같은 놈 하나는 없어져도 그만이야!" 바닥에 쓰러져 머리를 움켜잡고 있던 이씨는 '이대로 끌려가면 죽는다'는 생각에 사력을 다해 버텼다. 소란스러운 소리를 듣고 동네 주민들이 달려 나왔다. 셋 중 하나가 뻔뻔하게 거짓말을 했다. "이놈이 제 여동생을 성폭행했습니다. 하지만 별일 없을 테니까 그냥 들어가세요."

그러나 119구급대원이 도착할 때까지 그들의 구타는 멈추지 않았다. 신천지 신도들은 주민들의 만류에도 아랑곳하지 않고 계속 발길질을 했다. 경찰서 진술에서 신천지 신도 3명은 "우리도 맞았다. 쌍방폭행"이라며 전치 2주의 진단서를 제출하고 오히려 이씨를 상해로 고소까지 했다. 그러나 폭행 현장을 목격한 증인들은 모두 이 씨가 일방적으로 폭행당했다고 증언했고, 검찰은 이 씨에게 혐의없음으로 불기소처분을 내렸다.

이 씨가 신천지와 친분을 맺은 것은 2년 전 수능시험 후 '인하대 봉사동아리인 YMCA회원'이라고 신분을 밝힌 대학생을 만나면서부터다. 2개월간 성경공부, 여행 등을 하며 친분을 쌓았기 때문에 대학을 입학한 후에는 수업을 마치고 나서 교육을 받았다. 그들의 지시에 따라 인천 동암역에서 '고 하용조 목사가 이끌었던 천만큐티운동본부 회원'이라는 거짓 신분으로 포교하기도 했다.

그러나 1년 전 자신이 활동하던 봉사 동아리가 신천지이며, 회원 중 다수가 가출이나 학업 포기 상태라는 사실을 알게 되었다. 그들이 한 말은 거짓이었고, 미리 설정된 콘셉트에 따라 의도적으로 속였다는 것도 사실이었다. "신천지가 절대 아니다."라고 했던 그들의 실체를 그제야 확인할 수 있었다.

이 씨는 이후 자신과 비슷한 시기에 신천지에 빠진 또래들이 이단상담소에서 상담받을 수 있도록 연결해주고, 그 부모들에게도 자녀가 신천지에서 활동한다는 사실을 알렸다.

이 씨를 폭행했던 신천지 신도 3명은 인천지법에서 열린 결심공판 최후진술에서 "깊이 반성하고 있다. 선처를 구한다."고 말했다. 그러나 정작 집단폭행의 피해자인 이 씨에게는 사과하지 않았다.

이 씨는 "지금도 쫓겨 다니는 악몽을 꾸고 집에 들어설 때마다 주위를 두리번거린다."면서 "조직폭력배처럼 집단폭행이나 하는 사이비 집단은 반드시 법의 냉엄한 심판을 받아야 한다."고 말했다. 인천지법은 이들 3명에게 각각 징역 6개월과 벌금 350만 원을 선고했다.

사례3
대형교회에도 신천지가 들어와 있다?

신천지는 강북제일교회 분쟁과 관련, 허위사실 보도 및 유포로 명예를 훼손당했다며 교계 언론사와 이단상담소 관계자 등을 상대로 낸 소송에서 패소했다.

신현욱 소장(구리이단상담소) 등은 기자회견을 열어 "이단 신천지가 강북제일교회를 대상으로 '산 옮기기'를 추진하고 있다."며 "이 교회의 하 씨와 윤 씨는 신천지 신도"라고 주장했고, 인터넷신문 <교회와 신앙>은 이를 보도했다. 신천지는 "우리가 강북제일교회를 분열시키고 빼앗으려 하는 것처럼 발표하거나 보도해 명예를 훼손당했다."며 정정보도 및 5천만 원의 손해배상청구소송을 냈다.

서울중앙지법 민사합의 14부(부장판사 배호근)는 "신천지가 다른 교회에 분란을 일으키고 교회를 탈취하는 방법으로 포교 활동을 한다거나 하씨 등이 신천지 교인이라고 인정할 증거는 없다."면서 "그러나 피고들이 그렇게 의심할 만한 상당한 이유가 있었다."며 원고패소 판결을 내렸다.

재판부는 판결문에서 피고들이 신천지가 개입했다고 믿을 만한 상당한 이유 세 가지를 들었다. 신천지가 신도들을 다른 교회로 보내 신앙생활을 하게 하면서 이 교회 성도들을 섭외자로 삼아 데려오는 방법으로 포교 활동을 하는 점, 신천지 교육자들이 신도들을 다른 교회에 출석하도록 하여 기존 성도들과 서로 멀어지게 하는 방법으로 교회를 분열시키고 기존의 목사, 전도사, 성도들이 교회에서 나가게 하는 방법으로 포교 활동을 하라고 교육했던 점, 신천지 탈퇴 신도들의 진술에 의하면 다른 교회를 차지하는 방법으로 신천지가 포교했다는 점 등이다.

재판부는 하 씨 등에 대해 "신천지교회에서 하 씨 등을 보았다는 증언은 부정확하고 왜곡되었을 수 있는 점, 신천지 교적부에 없는 점, 하 씨 등을 본 적이 없다는 신천지 탈퇴 신도의 증언 등에 비춰보면 신천지 신도라고 인정할 증거가 없다."고 밝혔다. 그러나 "하 씨 등은 강북제일교회 내분의 한 축에 있었고, 자신들에게 반대하는 신도들의 교회 출입과 예배, 부목사의 설교 등을 방해하고 폭행 감금 등의 강압적 방법을 사용했다."면서 "하 씨 등이 신천지 신도이고 강북제일교회를 탈취하려 한다고 의심할 상당한 이유가 있었다."고 판시했다.

한편 하 씨 측에서는 재판 과정에서 신천지 이만희 교주에게 강북제일교회 당회록과 서명지 등을 전달한 바 있다. 한때 예장통합 평양노회와 총회의 지도를 받지 않겠다고 선포해 신천지 '산 옮기기'가 현실화된 게 아니냐는 의구심이 증폭됐다. 이들은 내부분열을 겪다가 교회에서 철수했다.

사례4
"신천지 소속 숨기고 접근, 포교하는 건 헌법에 위배"

신천지가 자신의 정체를 철저히 숨기고 포교 대상자를 미혹하는 속칭 '모략 전도'가 현행법에 어긋난다는 판결이 나왔다. 신천지의 위장 포교에 법적 책임을 물을 수 있는 최초의 판결로, 향후 유사한 판결이 이어질 것으로 보인다.

대전지법 서산지원 민사1단독 안동철 판사는 2020년 1월 "신천지 서산교회의 포교 방법은 종교의 자유를 넘어서 헌법과 법질서가 허용하지 않는 것으로 그 자체로 위법성이 있다고 판단된다."며 "신천지 서산교회는 피해자 A 씨에게 500만 원을 지급하라."고 판결했다.

신천지 피해자 A 씨 등 3명은 신천지 서산교회의 계략과 모략에 미혹돼 3~7년간 노동력을 착취당했다며 2018년 12월 신천지 서산교회와 5명의 포교꾼을 상대로 총 7000만원의 손해배상 청구 소송을 제기했다.

전국신천지피해자연대(전피연)가 주도하며 일명 '청춘반환소송'으로 불렸던 이 소송은 피해자들이 신천지를 상대로 시간과 재정 허비에 대한 손해배상을 청구한다는 의미에서 관심을 모았다.

재판부는 "신천지 서산교회가 다른 교회 신도나 신도였던 사람들을 상대로 처음에는 신천지 소속이라는 것을 전혀 알리지 않은 채 문화체험 프로그램, 성경공부라는 명목으로 신천지 교리교육을 받게 했다."면서 "피전도자가 의심하면 피전도자로 위장한 신천지 신도들이 철저하게 관리해 그 의심을 배제시켰다."고 밝혔다.

이어 "어느 정도 교리에 순화될 때까지 숨기고 있다가 이후 신천지라는 것을 밝히는 형태의 전도 방법은 종교의 자유를 넘어 우리 헌법과 법질서가 허용하지 않는 것으로 그 자체로 위법성이 있다."고 판단했다.

이번 판결에서 피고 중 A 씨만 손해배상을 판결받은 것은 피해 상황이 입증됐기 때문이다. 재판부는 포교꾼 5명에 대한 소송을 기각하면서 입증이 어려웠다는 단서조항을 달았다.

재판부는 "신천지의 전도 방법으로 서산교회에 가입해 활동한 것에 대한 위자료 청구에 대해선 A 씨만 일부 인정되고 나머지 2명은 현재 기록만으로 인과관계를 인정하기가 어렵다."면서 "신천지 서산교회의 책임은 인정되지만, 나머지 피고(포교꾼)의 가담 행위가 특정되지 않아 이를 불법 행위의 공동범이나 방조범으로 인정하기 어렵다. 입증이 어려워 기각한다."고 밝혔다.

피해자가 일부 승소할 수 있었던 데는 모략 전도의 물적·인적 증거가 확실했다는 점, 종교 사기와 관련된 일본 삿포로지법 판결문 등을 제출했다는 점 등이 영향을 미친 것으로 보인다.

이 판결문에는 "종교적 신앙 선택은 일시적인 상품 구매 서비스와 달리 그 사람의 삶에 돌이킬 수 없는 영향력을 미칠 가능성을 가진, 대단히 중요한 것" "교리를 배우고 난 후에야 비로소 특별한 종교적 활동을 요구하는 것은 예속을 강요할 우려가 있으므로 부당한 전도활동이라고밖에 볼 수 없다."는 등의 법적 판단이 들어있다.

전피연 관계자는 "이번 소송은 조직적인 사기 포교를 펼쳐온 신천지의 근간을 흔들기 위한 기획 소송"이라면서 "신천지의 피해를 막기 위해 일본을 찾아가 통일교 피해자의 법적 자료를 찾아냈다."고 밝혔다.

이어 "앞으로 신천지의 종교 사기와 각종 불법·위법 행위를 폭로하고 이만희 교주의 처벌 및 신천지 예방을 위한 활동에 주력할 것"이라며 "제3의 피해자와 함께 추가로 청춘반환소송을 제기하겠다."고 덧붙였다. 피해자들은 일부 승소에서 나아가 전체 승소를 할 수 있도록 항소할 예정이다.

사례5
신도 사망 사건을 악용하는 신천지

신천지에 빠졌다 불의의 사고로 사망한 구 씨 사건에 대해 한국기독교이단상담소협회가 "사건은 협회와 관계없으며, 신천지는 사고 유발에 대한 책임을 지고 가족들에게 사죄해야 한다."는 입장을 내놨다.

협회는 2019년 인천 남동구 성산교회에서 기자회견을 갖고 "신천지 신도로 활동하던 구 씨가 2017년 12월 전남 화순 펜션에서 가족들과 우발적 마찰로 의식을 잃고 11일 만에 사망하는 사건이 발생했다."면서 "그런데도 신천지는 사건을 왜곡해 '돈벌이 목적으로 강제개종 교육을 했다' '이단 상담이 납치 감금 강요를 일삼는 강제개종이다'라는 거짓말을 유포하기 시작했다."고 지적했다.

협회는 "사고 당시 구 씨의 가족들은 광주이단상담소와 협회에 상담요청을 하지도, 연락을 주고받은 적도 없었다."면서 "그렇기 때문에 신천지에서 사고의 배후로 지목한 임웅기 한국기독교이단상담소 광주소장과 상담소 간사는 검찰 출석을 통보받거나 조사받은 적이 없다. 만약 신천지의 주장대로 돈벌이, 강제개종이 있었다면 물증이 나왔을 것이며 검경의 출석요구를 받았을 것"이라고 설명했다.

협회는 더 이상 유가족의 고통을 악용해선 안 된다고 지적했다. 임웅기 한국기독교이단상담소 광주소장은 "신천지는 지난해 유가족과 상의도 없이 고인의 실명과 얼굴 사진을 언론에 공개하고 전단지 배포, 전국집회 개최, 청와대 국민청원, 광고 게재 등으로 강제개종금지법을 요구한 바 있다."면서 "이처럼 신천지는 자기 종교집단만을 위한 거짓 홍보 활동으로 가족들의 고통을 가중시켰다."고 비판했다.

진용식 한국기독교이단상담소협회장도 "사망 사건으로 가장 큰 고통을 받는 이들은 신천지가 아니라 유가족"이라면서 "신천지가 정상적인 종교집단이라면 이번 사고를 유발한 책임을 지고 가족을 찾아가 위로하고 석고대죄하는 게 순서"라고 요구했다.

이어 "더 이상 신천지는 구 씨 사고와 강제개종 금지법을 앞세워 신천지 신도들을 현혹하지 말아야 하며, 신도들은 교주의 거짓 주장과 사기 교리에 인생을 허비하지 말아야 한다."고 지적했다.

신천지
집단 합숙소의 정체가 밝혀지다

2020년 3월 대구 한마음아파트에서 밝혀진 코로나19 감염자가 모두 신천지 신도라는 사실이 알려지면서 유독 코로나19에 취약했던 신천지의 특성이 무엇인지 관심이 쏠리고 있다.

한마음아파트 내 확진자 46명은 모두 신천지 신도였으며, 비신도 가족에는 전파 사례가 없었다. 특히 3월 21일 이후 주민 대부분이 아파트 내에서 자가 격리를 했는데도, 유독 신천지 신도 사이에서 코로나19의 전파력이 높았다.

신천지 탈퇴자들은 한마음아파트에 거주했던 신천지 신도들이 자가 격리 상황에서 은밀하게 포교를 위한 자체 모임을 했을 것으로 추정했다.

탈퇴자 A 씨는 "포교 대상자를 상대로 그동안 설문조사, 심리상담 등을 꾸준히 해왔는데, 코로나19 사태로 바이러스에 감염되는 것보다 더 위태로운 상황이 갑자기 발생했다며 위기의식을 느꼈을 것"이라고 내다봤다.

그는 "신천지 신도들에게 코로나19보다 더 무서운 것은 포교의 문이 막히고 자신의 정체가 드러나는 것"이라면서 "자가 격리 상황에서도 수십 명씩 한 집에 모여

발등에 떨어진 불을 끄기 위해 장시간 회의를 했을 가능성이 크다."고 추정했다. 한마음아파트는 35년 된 건물로 월 임차료가 2~3만 원 수준이어서 소득이 낮은 미혼여성을 위한 공간이었다. 면적은 36.36㎡(11평)로 방 2개와 화장실, 베란다가 있다. 한 세대에 2명이 입주하게 되어 있었는데, 특별한 소득이 없는 신천지 포교꾼에겐 최적의 거주 공간이었다.

신천지 탈퇴자 B 씨는 "신천지의 고위 간부는 업무 특성상 새벽 일찍 나와서 밤늦게 돌아가기 때문에 반드시 신천지 집회 장소 근처에 집을 얻는다."면서 "한마음아파트는 다대오지파 건물에서 1.1㎞ 거리에 월 사용료가 2~3만 원이었기 때문에 여성 고위급 간부들이 가장 선호하는 거주지였을 것"이라고 분석했다.

탈퇴자 C 씨는 "신천지 다대오지파는 코로나19로 포교의 흐름이 끊기고 믿음이 약한 신도들이 떨어져 나가는 것을 무척 경계하고 있을 것"이라면서 "거주 신도 94명 중 고위급이 많았을 텐데 자가 격리 기간 중 근처에 있는 신도들을 꼼꼼하게 챙기라고 지시했을 게 뻔하다. 신천지 포교를 위한 임시 아지트 개념이었을 것"이라고 내다봤다.

탈퇴자 D 씨도 "신천지는 이번 사태를 질병의 확산보다는 신천지를 위협하는 영적 싸움으로 보고 있다."면서 "'하나님의 역사'를 방해하는 마귀의 공격에 움츠러들면 안 된다는 비뚤어진 의식이 있으므로 자가 격리 기간에 무단이탈까지 했던 것"이라고 말했다.
한편 신천지는 한마음아파트 입주자 중 신도가 절대다수를 차지하는 것과 관련해 "집단시설이 아니다."라고 해명했다.

CHAPTER
4

신천지 제대로 알기

신천지 | 이단옆차기

조건부
시한부종말론
집단

앞서 살펴본 것처럼 거짓말을 능수능란하게 하는 신천지는 다른 많은 사이비 종교와 마찬가지로 시한부 종말론을 강조한다. 다미선교회 등과 차이가 있다면 날짜를 지정하지 않고 '성과급'처럼 조건을 걸었다는 것이다. 즉 '14만4천 명을 채울 때 죽지 않고 육체영생하며, 순교자들과 신인합일이 되어 왕 노릇 할 수 있다'는 것이다. 그러므로 신천지 신도들은 오늘도 영생을 위한 필수조건인 포교 명단을 채우기 위해 수단과 방법을 가리지 않고 거짓말을 짜낸다.

정통교회에선 요한계시록에 나온 14만4천 명을 상징수로서 '구원받은 모든 성도들'로 해석하고 있다. 그러나 정통교회나 신학교를 다녀본 경험 없는 신천지 이만희 교주는 이것을 자의적으로 해석했다.

구리이단상담소 신현욱 소장은 "이만희 교주는 위험부담을 피하고자 날짜를 지정하는 대신 신천지인 14만4천 명이 차는 날로 시한부종말의 개념을 바꿨는데 신도수가 그 기준을 넘어서자 또다시 '하나님의 마음에 합한 14만4천 명을 뜻한다'며 말을 뒤집었다."면서 "교주가 사망하더라도 신천지는 또 다른 교묘한 논리를 만들어 신도들을 미혹시킬 것"이라고 비판했다.

탁지일 부산장신대 교수도 "날짜를 정한 사이비 집단과 달리 신천지는 조건부 시한부종말론을 내세움으로 신도들의 '올인'을 부추기고 있다."면서 "신천지는 가정 파탄 등 심각한 사회문제를 일으키는 만큼 교회뿐만 아니라 언론계, 학계, 정치계, 법조계 등 전 사회적으로 적극적으로 대처해야 한다."고 주장했다.

신천지 관계자는 이에 대해 "총회장님(이만희)이 종말론을 주장했다는 말은 사실무근이며 오히려 종말론에 반대해 왔다."면서 "하나님의 뜻에 합한 자가 채워지면 한국인을 중심으로 세계 질서가 재편될 것이고 많은 사람이 흰 무리처럼 수종을 들게 될 것"이라고 주장했다. 그는 "신천지와 관련된 문제들은 말씀을 뜨겁게 믿고 포교를 하다 보니 나타난 일부의 현상"이라며 "어느 종교 단체든지 비슷한 문제가 있는 것 아니냐."고 반박했다.

신천지 | 이단옆차기

교주 이만희는 누구인가?

신천지 설립자 이만희 교주는 전도관(현 한국천부교전도관부흥협회) 출신으로 통일교 등의 교리를 차용하고 있다. 이 씨는 1931년 7월 경북 청도에서 태어났다. 가족력인 한센병을 치료하기 위해 1957년 전도관에 입교했다. 전도관은 박태선이 세운 종교집단으로 이 씨가 입교할 당시 한국교회에서 이단으로 제명됐던 곳이다.

그는 경기도 소사 신앙촌에서 벽돌 굽는 기술을 배워 10년간 일했다. 1967년 전도관을 나온 이 씨는 경기도 과천 유재열의 대한기독교장막성전에 입교했다가 시한부종말론이 불발에 그치자 1969년 탈퇴했다. 이 씨는 잠시 통일교 영향을 받았던 목영득을 추종하다가 1978년 장막성전 일곱 천사 중 하나였던 자칭 '주님' 백만봉의 재창조교회에 입교해 12사도 중 하나로 활동했다.

1980년 3월 13일 또다시 시한부종말론이 불발에 그치자 이 씨는 14일 자택에서 탈퇴자 몇 명과 함께 신천지 모임을 시작했다. 이 씨는 1980

년 10월 과거 자신이 신봉했던 유재열을 비판했다가 명예훼손 혐의로 구속됐다. 그는 1984년 충남 천태산 앞 국사봉에 입산해 하나님으로부터 말씀을 받았다며 신천지를 공식 창립하고 거짓말 포교로 영향력을 확대했다.

임웅기 한국기독교이단상담소 광주소장은 "신천지는 정통교회와는 전혀 상관없는 시한부종말 이단집단에 뿌리를 두고 있다."며 "교주가 정통교회를 다닌 적도, 기독교적 배경도 없기 때문에 그를 추종한다는 건 기독교 신앙과 전혀 상관없는 행위"라고 지적했다. 그는 "신천지는 기독교의 하나님이라는 단어만 집어넣고 왜곡·둔갑시킨 짝퉁 기독교에 불과하다."고 비판했다.

신천지 이만희 교주의 이단계보

```
        김백문(이스라엘 수도원)
          ↙           ↘
이만희  박태선(전도관)   문선명(통일교)
입교      ↓              ↓
        유재열(장막성전)  진진화(생령교회)
          ↓              ↓
        목영득          김건남·김병희
          ↓              ┆
        백만봉(재창조교회) ┆교리 유입
          ↓              ┆
        이만희(신천지) ←┈┘
```

이만희 교주의 이단 계보

신천지의 교리는 이 씨의 신앙전력과 관련이 깊다. 그는 박태선의 전도관에서 '동방, 이긴 자, 천년왕국, 두 증인, 두 감람나무, 신인합일, 육체영생'을, 유재열의 장막성전에선 '비유풀이, 말씀의 짝, 성경론, 요한계시록 해설'을 가져왔다. 백만봉의 재창조교회에선 '창조와 재창조의 노정순리'를 차용했다.

신천지의 핵심교리는 통일교와 그 아류인 생령교회 강사 출신인 김건남과 김병희에서 왔다. 김건남과 김병희가 전도관, 장막성전, 통일교,

생령교회의 교리를 혼합시켜 <신탄>과 <요한계시록의 진상>이라는 책을 냈는데 이 씨는 이것을 훗날 신천지의 교리로 가져왔다.

신현욱 소장(구리이단상담소)은 "이 씨는 '14만4천 명을 다 채우면 신인합일이 되어 영생불사를 이룬다'며 반세기 전 사이비 교주들이 사기를 칠 때 써먹은 거짓 교리를 짜깁기해 다시 사용하고 있다."면서 "이런 거짓 교리를 '새 포도주' '새 노래' '감추었던 만나' 등 이제까지 들어보지 못했던 새로운 말씀이라며 교주까지 신격화하는 것은 그 자체가 코미디"라고 지적했다.

신천지 | 이단옆차기

한국교회에 기생, 거짓말로 끌어들이기

"안색이 안 좋은데 어디 아프세요? 옛날에 저도 아팠는데 김OO 의료선교사님을 만나 거짓말처럼 나았어요."

"어머, 어젯밤 꿈에 봤는데 장소까지 똑같네. 진짜 하나님이 집사님을 사랑하시나 봐요."

신천지는 신분을 위장한 후 한국교회에 몰래 침투해 거짓말로 성도를 빼돌려 '예수+비유 풀이+새 언약'을 믿을 때 구원에 이른다고 가르친다. 한국교회에 기생하면서 가짜 복음을 전하는 것이다.

자신들을 '진리의 성읍'이라고 부르는 신천지는 한국교회 성도를 끌어들일 때 아예 거짓말을 하라고 가르친다. 이들은 성경 말씀(잠언 20:18, 로마서 3:7, 이사야 11:2)을 들며 '거짓말이 하나님께서 가르쳐 주시고 명령하신 전도법'이라며 하나님을 '모략과 재능의 신'으로 교육한다. 심지어 거짓말 전도를 "예수님이 우리에게 지시하신 명령"(마태복음

10:16)이라며 세뇌한다.

이렇다 보니 신천지 신도들은 포교 때 도덕적 기준을 내팽개친다. 실제로 신천지대책전국연합으로부터 입수한 교육 자료에 따르면 '세상은 우리의 연극무대이며 부단한 노력이 필요하다' '대본대로 최면을 걸고 자신감 있게 하라' '카멜레온 앵무새가 되라' '귀신까지도 속이라'는 문구가 들어있다.

거짓말 교육도 상황에 따라 구체적으로 진행된다. 전도법, 섭외방법, 섭외 후 관리 방법, 말씀 유도 멘트, 신학원 인도 후 관리 멘트, 입막음 방법 등 28가지 교육을 받는다. 우연을 가장한 37가지 상황도 연출한다.

이렇게 끌어들인 한국교회 성도는 신천지 신도 대부분을 차지한다. 진용식 한국기독교이단상담소협회장은 "신천지 신도 중 비신자 출신은 거의 없고 95% 이상이 기성교회에서 끌어들인 성도들"이라며 "결과적으로 신천지는 한국교회를 숙주 삼아 기생하고 있는 반사회적 사이비 종교집단"이라고 정의했다. 진 회장은 "신천지는 발각에 대비해 거짓으로 눈물을 흘리며 회개하는 연습까지 시킨다. 절대로 믿지 말라."고 충고했다.

신천지의 종교사기는 '신인합일(神人合一) 영생불사(永生不死)'라는 핵심교리에서 극명하게 나타난다. 이들은 통일교의 '영인부활(靈人復活)'과 전도관의 '육체영생(肉體永生)' 교리를 빌려와 "요한계시록 20장 4~6절 말씀처럼 순교자들과 신천지 신도가 하나 되어 천 년 동안 왕노릇을 한다."고 주장한다.

그러나 요한계시록 20장 4절은 순교자와 신천지 신도가 합체(合體)하는 개념이 아니다. 원래 의미는 '하나님께서 환난 속에서 신앙 절개를 지킨 성도들에게 새 하늘과 새 땅, 사망 고통 눈물 아픔이 없는 새 나라를 선물로 주신다'는 뜻이다.

그런데도 신천지는 이미 새 하늘과 새 땅이 도래했으며, 이만희 교주를 비롯해 14만4천 명이 영생불사한다고 주장한다. 신천지 관계자는 "이미 새 하늘과 새 땅은 도래했다."면서 "총회장님(이만희)은 하나님이 보내신 자이니 영생불사가 확실하다. 신천지가 맞든 곪든 끝까지 지켜보면 될 게 아니냐."고 반박한다.

신천지 핵심 교리의 실체(계 20:4)

개역한글판
예수를 증언함과 하나님의 말씀 때문에 목 베임을 당한 자들의 영혼들과 **(A)**
또 짐승과 그의 우상에게 경배하지 아니하고 **(B)**
그들의 이마와 손에 그의 표를 받지 아니한 자들이 **(C)**

새번역
예수의 증언과 하나님의 말씀 때문에 목 베인 사람들의 영혼을 보았습니다 **(A)**.
그들은, 그 짐승이나 그 짐승 우상에게 절하지 않고 **(B)**,
그들의 이마와 손에 그 짐승의 표를 받지 않은 사람들입니다 **(C)**.

신천지 주장:
순교자 **(A)** + 신천지 신도 **(B,C)** → 합체 → 신인합일, 영생불사, 왕으로 1000년간 통치

바른 해석:
환난 속에서도 신앙의 절개를 지킨 사람들 **(A=B=C)** → 그리스도와 함께 영광의 삶

신천지 핵심 교리의 실체

신천지 댓글 부대
'자진 삭제' 시작됐다

신천지의 댓글 부대가 네이버의 '댓글 이력 공개' 정책에 따라 과거에 달아놓았던 댓글 삭제 작업에 돌입한 정황이 포착됐다. 온라인에서 한국교회를 비방하고 신천지를 옹호하는 댓글 부대원으로 자기 신분을 감추기 위해서다.

네이버는 2020년 4월부터 뉴스 기사에 댓글을 단 작성자의 닉네임과 과거 작성했던 모든 댓글을 공개하고 있다. 댓글 삭제의 대표적 사례는 세계일보가 온라인에 2018년 11월 21일자로 보도한 '교세 불어난 신천지예수교회… 2018년 1만 8천명 입교' 기사다. 이 기사는 신천지 사회관계망서비스(SNS) 단체대화방에서 "인터넷 전쟁 승리, http://scj.so/news01, 1. 순공감순 정렬-비방 댓글 비추천 누르기, 좋은 댓글 추천 누르기, 2. 댓글 달기"라는 지령이 내려졌다.

속칭 '좌표 찍기'로 해당 기사에 들어가 댓글을 달고 긍정적 댓글은 추천을, 부정적 댓글은 비추천을 누르라는 것이다. 신천지를 미화하고 한국교회는 경멸하는 취지의 댓글을 쓰라는 지시도 들어있다. 이 기사 댓글은 7,950개였지만 작성자가 삭제한 댓글은 1,972개다. 삭제 비율이 24.8%로 타 기사에 비해 높다.

일례로 아이디 mo*****는 2018년 11월 "요즘 청년들은 (신천지에) 편견 없이 용감하군요."라는 신천지 옹호 글을 올려놓고 순공감순 최상위권에 있었지만 돌연 삭제됐다. k***와 y***, z*** 도 코로나19 사태 이후 2~3월 댓글을 삭제했다. 기사가 게재된 지 15개월이 지난 시점에서 댓글을 모두 삭제한 것이다.

신천지가 두 번째 '좌표'로 찍었던 세계일보의 2018년 11월 21일자 "(신천지의) 논리적 성경 해석에 젊은층 몰려" 기사도 마찬가지다. 이 기사에선 4,531개의 댓글 중 20.9%에 해당하는 950개가 삭제됐다.

mati***는 원래 "이쯤 되면 무조건 욕할 게 아니라 (신천지에) 왜 몰려드는지를 생각해봐야 한다."는 댓글을 달았다가 1년 3개월만인 2월 25일 돌연 삭제했다.

mon1**도 "요즘 젊은 사람들은 교회에 잘 안 가던데 65%가 (신천지) 청년들이라니 놀랍네요."라는 댓글을 달았다가 3월 17일 삭제를 해버렸다.

주기수 경인이단상담소장은 "신천지가 이처럼 1년 5개월이나 지난 홍보성 기사에서 최근 댓글을 무더기로 삭제하는 것은 댓글 이력 조회 때문에 신분이 노출될까 봐 우려하기 때문"이라고 설명했다.

이어 "신천지는 SNS를 적극적으로 활용해 지시에 따라 의무적으로 댓글을 달고 있으므로 전국에 10만 명이 넘는 댓글 부대가 있다고 해도 과언이 아니다."라면서 "온라인에서 한국교회를 비판하며 경멸에 가까운 여론이 형성된 것은 어찌 보면 당연하다."고 말했다.

신천지 이단옆차기

구원자,
언약의 사자가
여기에

"하나님이 보내신 약속의 목자, 이긴 자를 통해 하나님의 음성을 듣고 하나님의 뜻을 오늘 밝히 깨닫기를 바랍니다!"('신천지 부산말씀대성회' 사회자 발언 중에서)

신천지는 신도들이 이만희 교주를 숭배하도록 치밀한 사전작업을 한다. 신천지는 2개월 과정의 입문 단계에서 비유풀이, 말씀의 짝 교리를 가르치며 끌어들인 신도들의 '코'를 꿴다. 그리고 중독성 높은 초·중·고등 과정을 진행하면서 자신의 실체를 서서히 밝힌다. '구약에서 약속한 목자가 있듯 신약에서도 예언된 목자가 있다'는 논리를 반복적으로 주입하는데 나중에 비유를 풀면 신천지와 '신약의 모든 예언이 재림예수 이만희를 통해 완성된다'는 게 나온다.

특히 신천지는 6개월~1년간 집중교육과 성경암송, 시험 등을 통해 '성경이 구약, 신약, 계시록 시대로 나뉘어 있으며, 비유를 모르면 죄 사함을 못 받는다'고 각인시킨다. 이 씨가 통일교(성약)나 JMS(섭리시대) 교주처럼 삼시대론을 강조하는 것은 마지막 시대에 '재림 예수'가 나타날 것이라는 주장을 펼치기 위해서다.

지속적인 교육은 '교리중독'을 가져오고 약속한 새 언약의 목자를 은연중에 기다리도록 만든다. 이때 신천지는 이 씨를 봉인된 계시록을 풀 수 있는 '다른 보혜사' '보혜사 선생님' '새 요한' '이긴 자' '때를 따라 양식을 나눠줄 자' '예수님이 타신 백마'라고 가르친다. 예수의 자리에 교묘히 교주 자리를 끼워 넣는 것이다.

신천지 핵심 교리서인 <요한계시록의 실상>
신천지는 이만희 교주를 보혜사라고 가르친다.

신천지를 탈퇴한 김 씨(50세·여)는 "신천지 신학원 성경공부를 마친 뒤 3개월간 이만희 씨가 이 시대의 약속의 목자요 이 씨가 있는 곳이 약속의 성전이라는 교육을 매일 받았다."면서 "이 씨를 보고 사람들이 열광하는 모습을 처음 봤을 땐 의심스러웠지만 그렇게 교육을 받고 나니 어느 날 나도 모르게 눈물이 흘러내렸다."고 회고했다. 신천지에서 나온 양 씨(25세)도 "신천지에 들어갔는데 시간이 지날수록 대학 전공을 살려 어떤 일을 해야겠다는 꿈은 사라지고 14만4천 명에 포함돼 왕 같은 제사장으로 세계를 통치하겠다는 생각만 들었다."면서 "지금 생각해 보면 어처구니없는 생각이지만 그 안에 있으면 이 씨의 말을 그냥 믿게 되어있다."고 말했다.

이처럼 신천지는 '시대마다 구원자, 언약의 사자(使者)가 있다'는 논리로 교주 숭배를 부추긴다. 그리고 '하나님이 많은 사람 가운데 아담, 노아, 아브라함, 모세, 예수, 이만희 총회장을 택했다'며 예수님의 신성마저 부인하게 만든다.

이단 상담 전문가들은 "이런 사이비 종교집단에 한국교회 성도들이 쉽게 빠져든 것은 평생 듣는 복음의 진수를 깨닫지 못하고 자신이 누리는 복음에 식상해하며 감사함으로 받아들이지 않았기 때문"이라며 "한국교회는 성도들에게 천국 비밀이 절대 예수 그리스도를 넘어설 수 없다는 사실을 분명하게 가르쳐야 한다."고 강조했다.

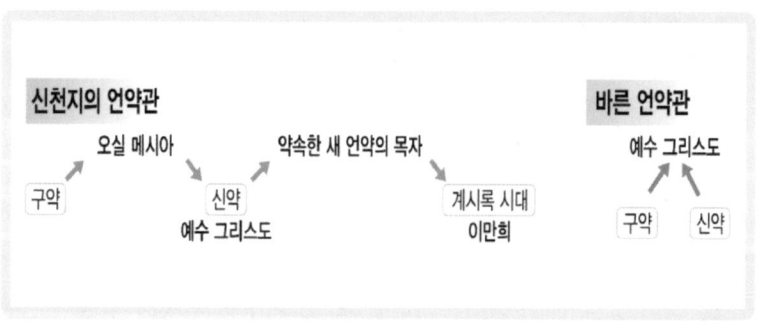

신천지의 잘못된 언약관

신천지 | 이단옆차기

가정이
풍비박산,
반사회적인 집단

한국교회가 신천지를 경계하는 이유는 간단하다. 10만 명이 넘는 '특수부대원'이 기성교회와 목회자를 바벨론, 개, 우상, 짐승 등으로 경멸하며 가정은 물론 교회 공동체를 파괴하려 혈안이 되어 있기 때문이다. 신천지는 산술적으로 한국교회 40명당 1명꼴로 신천지 신도를 파견할 수 있는 조직력과 수천억 원대 자금력을 갖추고 있다. 피해자들은 하나같이 신천지가 가정을 파괴하고 있다고 주장한다.

대구의 박 씨(51세·여)는 요즘 밤잠을 못 이룬다. 그렇게 순종적이었던 아들 김 씨(28세)가 신천지에 빠진 뒤 수시로 가출을 하고 있기 때문이다. 김 씨는 교회에서 주일학교 교사와 셀 리더를 맡는 등 평판이 좋아 '신랑감 1순위'였다. 학업성적도 우수해 장학금을 받고 대학원에 다녔지만, 지난해 초부터 성격이 돌변했다. 대학원 선배의 권유로 아들이 성경공부를 시작한 것이 화근이었다.

박 씨는 "충격적인 사실은 아들이 4학기 등록금을 받아갔지만, 대학원 등록조차 하지 않았다는 것"이라며 "교회 목사님을 개, 돼지라고 저주하고 상담을 권유하는 부모에게 욕을 퍼붓는 아들을 보면서 실신한 적도 있다."고 울먹였다.

그녀는 "요즘 너무 답답해 아파트 베란다에 서면 뛰어내리고 싶은 충동을 느낀다."면서 "30년 넘게 출석한 교회에 이 사실이 알려져 새신자는 물론 기존 성도들 간에 서로를 의심하는 분위기가 확산됐고, 교역자들마저 우리 가족을 은근슬쩍 피하는 것 같아 무척 힘들다."고 고통스러워했다.

인천에 사는 김 씨(51세)는 5년 전 아내와 이혼했다. 대기업 간부였던 아내가 신천지에 빠져 수억 원의 헌금을 갖다 바쳤기 때문이다. 무엇보다 1년 넘게 자신을 철저하게 속였다는 사실이 충격적이었다.

이 사실을 알게 된 김 씨는 아내를 추궁했지만, 끝까지 발뺌했다. 욕설과 몸싸움이 이어지자 아내는 '이혼서류에 도장을 찍으라'고 종용했다. 끈질긴 요구에 결국 그는 부부의 끈을 놓고 말았다. 김 씨는 "신천지 때문에 우리 가정이 파괴되고 내 인생이 송두리째 바뀌었다. 매일 죽고 싶다는 생각밖에 없다."고 눈물을 흘렸다.

요즘 이혼한 아내로부터 다시 합치자는 제안이 들어온다. 하지만 조건이 '신천지교회에 나가야 한다'는 것이다. 그는 "신천지가 가족관계를 파괴하는 행위를 가르치고 종용까지 한다."며 울분을 토했다.

박 씨(55세)는 오늘도 냉담하고 가식적인 아내의 시선을 피한다. 그렇게 다정다감하던 아내가 돌변한 것은 2년 전 찾아온 신천지 때문이다. 결혼 25년간 한 번도 언성을 높인 적 없었는데 아내가 자신을 속였다는 사실을 알게 된 날 그만 폭발하고 말았다. 집안 살림살이가 대부분 박살 났고 처음으로 아내와 몸싸움까지 했다. 경찰이 출동했다. 쾌활하던 자녀들은 부부싸움이 1년간 이어지자 의기소침해졌다. 아내를 데리고 이단 상담도 받았지만 '미친 여자'처럼 5일을 뒹굴었다.

박 씨는 "심각한 질병을 가진 병자인데도 발견 초기에 너무 감정적으로 대했던 게 실수였다."면서 "아내가 예전의 모습으로 그냥 돌아오길 바라며 기다리는 수밖에 없다. 하지만 마음이 너무 아프다."고 눈물을 글썽거렸다. 그는 "아내는 지금도 모든 삶의 우선순위를 신천지에 맞추고 있다."면서 "주일 아침마다 서로 다른 교회로 향하는 모습을 보면 쓴웃음만 나온다."고 말했다.

정 씨(41세)도 아내가 신천지에 빠졌다는 사실을 알고 5년간 끊었던 음주를 다시 시작했다. 정 씨는 "신천지가 상상을 초월하는 거짓말을 가르치다 보니 도덕 불감증에 걸려 있다."면서 "무엇보다 아이들이 나와 아내의 눈치를 보며 행동하는 게 가슴 아프다."고 말했다.

그는 "아내가 돌아올 가능성이 없다고 보고 있다. 그렇게 생각하는 게 오히려 마음 편하다."면서 "한국교회 목사님들은 모든 교회마다 적어도 1명씩 추수꾼이 있다는 사실을 명심하고 신천지예방세미나 등을 통해 적극 대처해야 한다."고 조언했다.

신천지가
신변보호 요청서를 쓰는 이유는?

신천지 신도라면 누구나 작성해야 할 서류가 있다. '신변보호 요청서'와 '실종신고 청원서', 위임장이다. 그렇다면 왜 신천지 신도들은 신변보호 요청서와 실종신고 청원서를 미리 써놓는 것일까.

이유는 간단하다. 부모들이 신천지에 빠진 자녀를 이단상담소에 데려갈 때 경찰을 동원해 빼내기 위해서다.

그래서 신변보호 요청서를 작성한 신도들은 서류를 들고 "신변보호 요청과 실종신고를 접수해 달라. 위치추적을 통해서라도 저의 소재 파악과 신변확인을 경찰관이 꼭 해주시길 바란다. 가족이 안전하다고 주장하더라도 반드시 본인의 의사를 확인해달라. 가족으로부터, 강제적인 개종 교육으로부터 풀려날 수 있도록 조치해 달라."는 영상을 촬영한다.

신천지는 사회관계망서비스(SNS)를 통해 신도들이 상황을 보고 받으며, 이단상담소에 있다는 사실을 포착하면 곧바로 경찰서로 달려간다. 그리고 신천지 사무실에 보관하고 있던 신변보호 요청서와 실종신고 청원서, 위임장, 신분증 사본, 사전에 촬영한 영상을 제출한다.

신천지 탈퇴자 A 씨는 "신천지 12지파에는 경찰을 앞세워 상담활동에 들어간 신도를 '구출'해내는 별도의 팀을 운영한다."면서 "그들은 신도가 제출한 서류 유효기간이 만료되기 전 수시로 업데이트하는 치밀함까지 지닌 무서운 사기집단"이라고 지적했다.

A 씨는 "기자회견 때 코로나19 때문에 사무실이 폐쇄되어 행정처리가 어렵다고 하던데 모두 거짓말"이라면서 "지금이라도 신천지 본부에서 지시만 내리면 1시간 이내에 전국의 모든 서류를 취합할 수 있는 탄탄한 네트워크를 갖고 있다."고 설명했다.

진용식 한국기독교이단상담소협회장은 "10년 전부터 신천지가 경찰을 앞세워 '신변보호 요청서'를 들고 와 상담을 중단하기 시작했다."면서 "그렇게 상담 도중 데리고 간 피해자만 100명이 넘는다."고 말했다.

진 협회장은 "경찰에게 아무리 사정을 이야기해도 '본인이 작성한 서류이기 때문에 어쩔 수 없다'는 말만 되풀이했다."면서 "이처럼 신천지는 이단 상담을 강제개종이라는 자극적 용어를 사용하며 경찰까지 동원해 훼방하고 있다."고 지적했다.

그는 "코로나19의 숙주 노릇을 하는 신천지에서 피해자를 빼내는 것이야말로 그들의 인생을 도와주는 길"이라면서 "법을 교묘하게 이용하는 사이비 종교집단에 더 이상 한국사회가 휘둘려선 안 된다."고 당부했다.

CHAPTER
5

신천지는 어떻게 사람을 미혹하나?

신천지 이단옆차기

8개 맞춤 전략으로 접근하는 신천지 추수꾼

신천지는 미리 짜놓은 8개 전략에 따라 한국교회 성도들을 미혹한다. '8단계 섭외전략'에 따르면 신천지 추수꾼(전도자)은 '정보 수집→섭외 활동→열매 선별→인간적 신뢰 형성→유형별 상태 진단→신앙 우위 선점→유형별 맞춤전략→복음방 등록' 순서에 따라 성도들을 포섭한다.

추수꾼은 성도들의 정보를 보통 신천지에 빠진 대상자의 가족, 친척, 교우, 친구, 지인을 통해 모은다. 추수꾼들은 기도제목, 최근 관심사, 고민을 추가로 찾아내기 위해 새벽기도회에 참석해 기도내용을 엿듣기도 한다. 섭외 활동은 수집된 정보를 바탕으로 포교 대상자와 친분을 맺는 과정을 말한다. 보통 성격·행동 유형검사, 미술심리치료, 도형 그리기, 우울증·스트레스 테스트, 에니어그램, MBTI 검사 등을 활용하는데, 최근엔 힐링스쿨 수강, 연극·뮤지컬·영화관람 등으로 접근한다.

이렇게 섭외 활동에 들어간 추수꾼은 포교 대상자를 나이, 경제력, 성품, 건강 등 자체 기준에 따라 분류(열매 선별)하며, 선별대상자를 상대로 곧

바로 인간적 신뢰 형성에 들어간다. 추수꾼들은 미리 수집한 정보를 바탕으로 가정, 자녀, 직장, 이성, 건강 문제에 대한 해법을 제시하고 가짜 독서지도사, 심리상담사, 건강전문가 등을 연결해주며 호감을 산다.

이어 추수꾼은 개인간증, 중보기도, 말씀문자 메시지 발송 등으로 신앙 우위를 선점하는데 이것은 섭외자(포교 대상자)에게 영적 영향력을 발휘함으로 자신을 의지하게 하려는 목적이 들어있다. 이때 신천지가 자주 쓰는 방법은 꿈 이야기다. 추수꾼들은 치밀하게 수집한 정보를 토대로 "집사님이 내 꿈에 나타났는데 썩은 나무를 붙들고 울더라. 이런 문제를 갖고 있지않느냐."는 등 거짓 꿈 이야기로 신앙우위를 선점한다.

그다음엔 추수꾼이 관리자, 교사 등 3~7명과 한 팀이 되어 유형별 맞춤 전략을 짠다. 이들은 선교사, 목사, 사모, 행인, 역술인 등 가짜 콘셉트로 연기를 하며, 추수꾼이 우연을 가장해서 복음방 교육을 인도할 제3의 인물을 연결시킨다. 제삼자는 보통 사모나 안식년을 맞아 귀국한 선교사 콘셉트를 써먹는다. 추수꾼은 "이분을 통해 우리 가족, 구원 문제가 단번에 해결됐는데 영력이 아주 뛰어나다."고 치켜세운 뒤 큐티모임, 기도모임, 성경공부에 연결한다.

신천지의 8단계 섭외전략

정보수집	섭외활동	열매선별	인간적 신뢰 형성	유형별 상태 진단	신앙우위 선점	유형별 맞춤 전략	복음방 등록
포교 대상자의 개인정보 축적	우연을 가장한 만남·상담·모임	고령자, 간병자, 저소득자 등은 제외	고민에 대한 해결책 제시하며 접근	신천지 신도 3~7명이 대상자 분석 후 전략수립	중보기도, 꿈 이야기로 영적 우위 선정	가짜 선교사 사모·목사 투입	입막음, 이단 경계심 낮추기

<자료:신천지대책전국연합>

이렇게 복음방 교육으로 끌어들인 뒤 성경공부를 진행할 때 성경구절(잠언 12:23, 마태복음 13:44, 미가 7:5)을 제시하며 가족, 교우, 목회자에게 절대 알리지 말라고 입막음을 시킨다. 포교 대상자가 신천지를 의심할 땐 오히려 "우린 신천지가 절대 아니다." "교육 내용 중에 성경적으로 잘못된 게 뭐냐."며 이단에 대한 경계심을 낮춘다.

이덕술 한국기독교이단상담소협회 서울상담소장은 "주변에 어떤 사람이 자신의 문제를 정확하게 짚어내고 대안을 제시하며, 교회 밖 성경공부를 연결시킨 뒤 입막음해야 한다고 신신당부했다면 100% 신천지 추수꾼"이라며 "지금 한국교회는 신천지 때문에 영적 전시상황에 놓여 있기에 각별한 주의가 필요하다."고 조언했다.

신천지 | 이단옆차기

1명 포교 위해 100여개 개인정보 체크

신천지가 한국교회 성도들을 끌어들이기 위해 사전에 작성하는 포교 계획서를 보면 이들이 얼마나 치밀하게 포교 시나리오를 짜는지 알 수 있다. 신천지의 '플랜지'에 따르면 이들은 포교 대상자 1명을 정밀분석 하기 위해 개인 신상은 물론 가정·교회 정보, 경제 상황, 건강 상태, 신앙유형, 관심 분야 등 100개 이상의 항목을 샅샅이 체크한다.

모략(거짓말 전도) 때 사용하는 14쪽 분량의 '플랜지'는 포교 대상자 신 상명세서와 진도 그래프, '합당한 자' 선정 기준표, 대상자 정보, SWOT 분석, 포교 전략, 육아일지 등 8개 항목으로 구성돼 있다.

이 중 SWOT 분석은 대상자의 강점(Strength), 약점(Weakness), 기회 (Opportunity), 위협(Threat) 등 4가지를 분석해 마케팅 전략을 수립하는 경영학 분석기법의 일종이다. 신천지는 SWOT 분석을 통해 포교 대상자의 영적·육적 강점과 약점, 기회 요인과 위협요인을 체크하도록 했다.

신상명세서에는 포교 대상자의 생년월일, 전화번호, 주소, 혈액형, 교회명, 직분, 신앙연수 등 대상자의 인적사항이 빼곡히 기재된다. 진도 그래프에는 신천지 신도가 섭외자와 친분을 맺고 이단에 대한 경계심을 낮추게 한 뒤 가짜 목사·선교사 등 포교 도우미를 투입, 복음방으로 인도하기 위한 날짜와 핵심전략 등이 기록된다.

'합당한 자' 선정 기준표에선 섭외자가 시간 환경 경제 건강 인성 신앙 등 13개 항목에서 신천지 교육을 받을 만한 처지에 있는지 평가한다. 특히 이성 문제가 있는지와 가족 중 중환자 돌봄 여부, 목회자만 항상 의지하는지 여부 등 대표적인 9개 '걸림 요소'를 별도로 체크하게 했다.

신천지는 또 가족의 신앙 유무, 말씀 관심도, 신앙유형 등을 세밀하게 조사해 기록한다. 특히 '(열매)따기 전략적 정보'에선 교회 불만 및 상처와 고민, 기도제목, 주변에서 이단을 조심하라고 조언할 만한 '침(針) 요소'(포교를 방해할만한 요소)의 존재 여부를 기재한다.

상세전략에서는 성경공부를 진행하는 교사의 콘셉트와 거짓 간증을 육하원칙에 따라 기술한다. 포섭 과정을 육아로 인식하고 작성하는 '육아일지'는 대상자를 만나기 전 복음방으로 이끌기 위한 전략과 멘트, 그에 따른 반응을 기재하는 곳이다.

신천지 플랜지

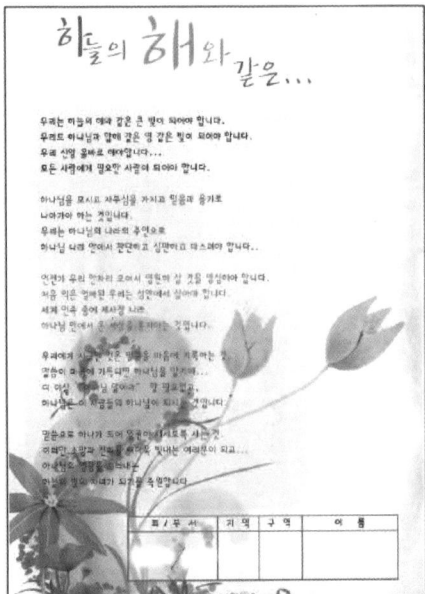

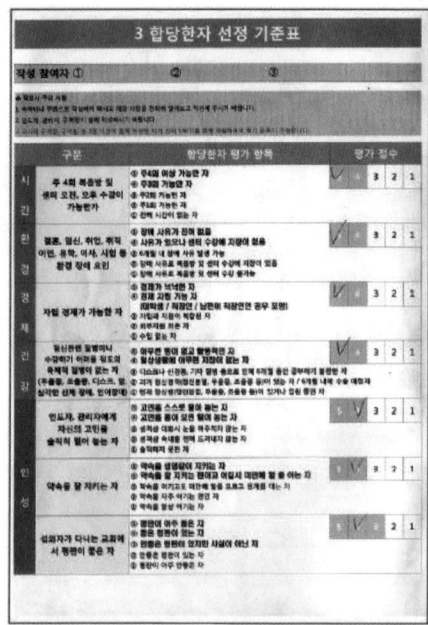
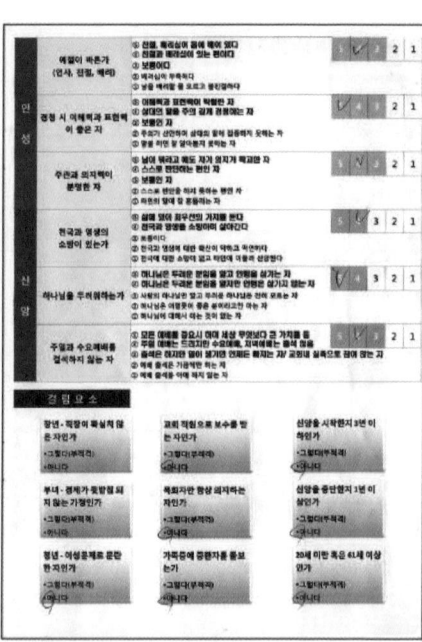
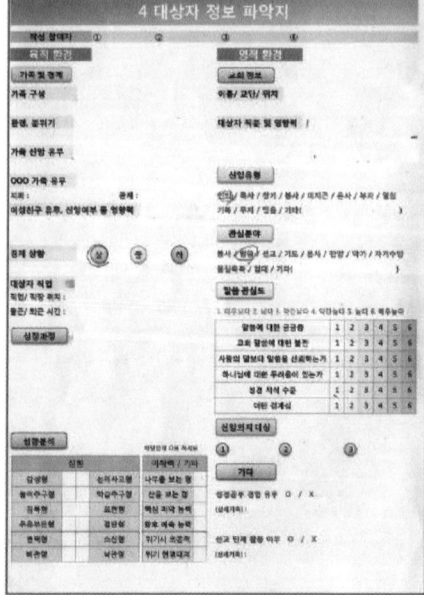
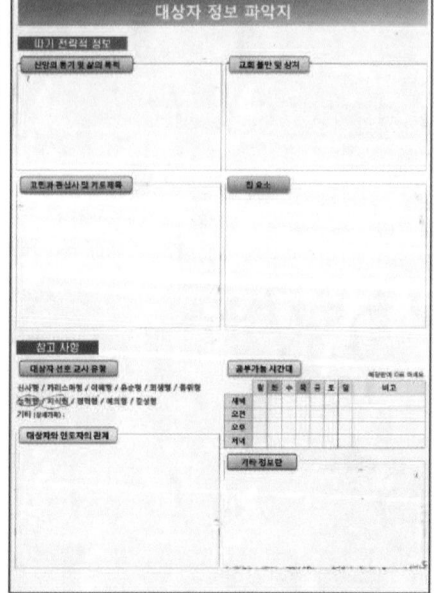

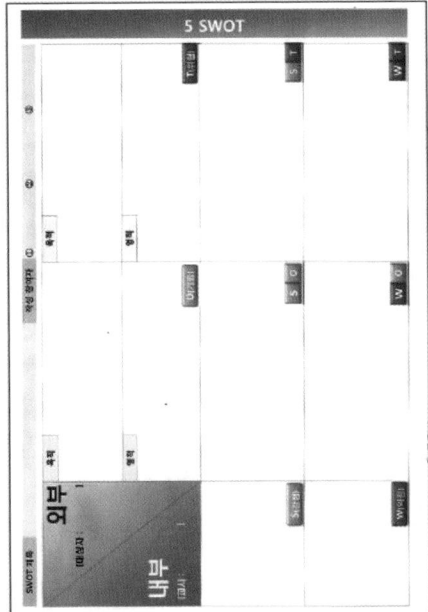
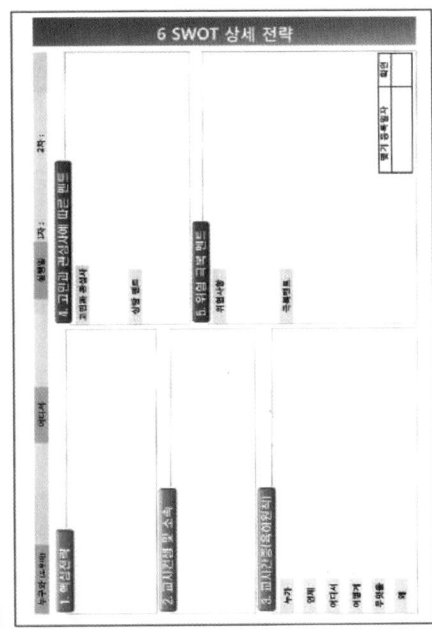
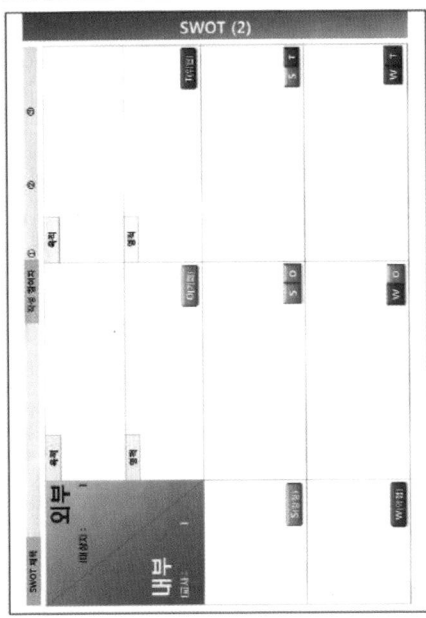
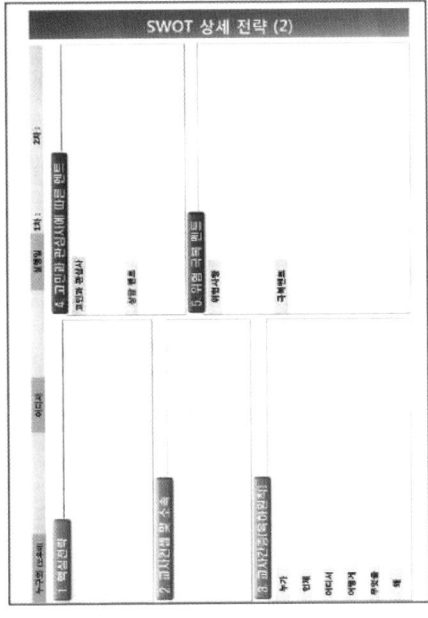

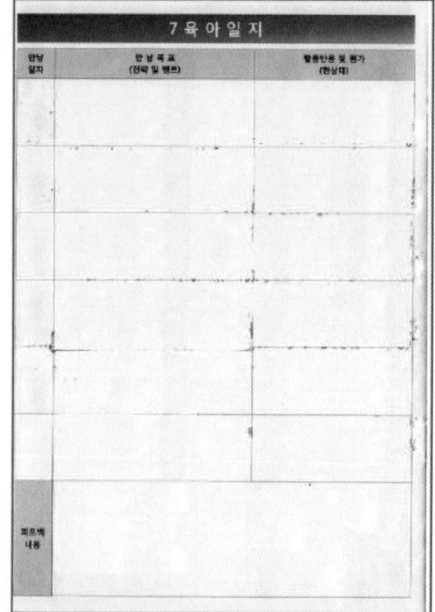
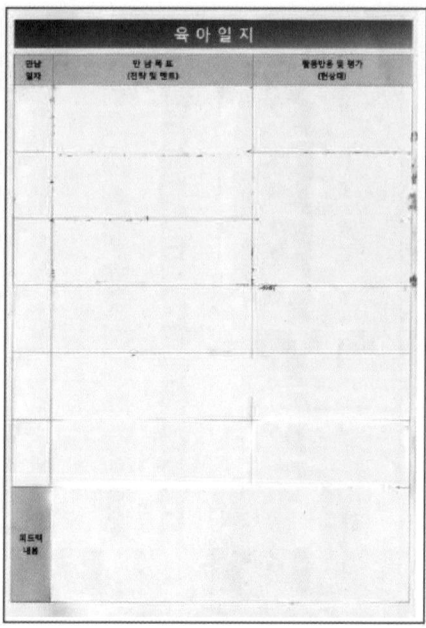
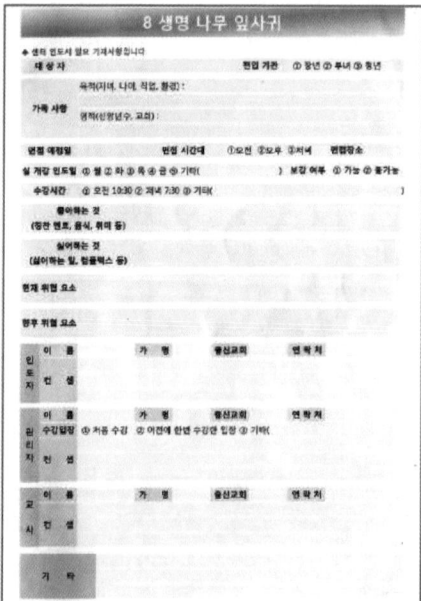
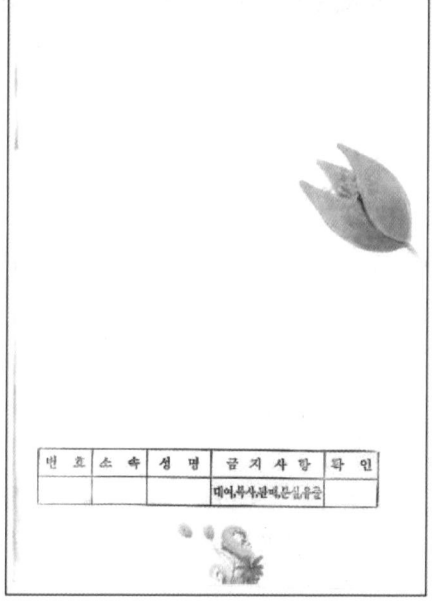

신천지 | 이단옆차기

포교 대상자 속속들이 분석한 핵심 문건

'플랜지'에서도 볼 수 있듯 신천지는 포교 대상자의 개인 신상 정보를 꼼꼼히 수집해 이를 바탕으로 맞춤형 포교전략을 구사한다. 이 같은 내용은 신천지 핵심 문건(개인전도 관리표, 섭외자 관리카드, 전도 요청서, 신앙 관리카드)에도 잘 나타나 있다. 이들 4개 문건은 '열매 선별→인간적 신뢰 형성→유형별 상태 진단→신앙 우위 선점→유형별 맞춤전략→복음방 등록'이라는 포교전략을 떠받치는 기초자료다.

신천지 신도들은 다수의 포교 대상자를 개인전도 관리표에 올려놓고 인성과 신앙, 환경에 따라 우선 상·중·하로 평가한다. 꾸준하게 친분을 맺으며 특이사항은 관리표에 별도로 기록한다.

섭외자 관리카드는 다수의 포교 대상자 중 가능성 있는 사람(섭외자)을 끌어들이기 위한 보고서다. 대상자의 혈액형, 학교, 직장, 교단, 신앙연수, 교회 출석 동기, 친인척 목회자 유무, 목회자 및 신앙 멘토와 친분도를 기입한다.

또 교회에 대한 만족도 및 불만·상처, 교회 밖 성경공부에 대한 경계심, 신앙적 관심사에 이르기까지 34개 항목을 꼼꼼히 체크한다. 전도 요청서는 다른 지역에 거주하는 포교 대상자 전도를 위해 해당 지역 신천지 신도에게 전도를 요청하는 문건이다. 성경통독 횟수, 교통수단, 일과, 교회에서 받은 상처, 섭외모략, 선호 교사 유형, 당부사항, 신천지 인식 여부 등 43개 항목을 빼곡하게 점검한다.

신앙관리 카드는 복음방 교육을 받기 시작한 잠재적 신자를 관리하기 위한 문건이다. 개인 신상은 물론 자택에서 신천지 신학원까지 소요시간, 학습능력, 인도자(최초 소개자)·복음방 교사·잎사귀(바람잡이) 신상 등 50개의 항목을 살펴본다.

흥미로운 것은 신천지가 교회에 대한 만족도, 불만, 교회에서 받은 상처, 말씀 관심도를 반드시 파악하고 있다는 것이다. 즉 신천지가 기성교회에 대한 불만을 중요하게 여기며, 낮은 교회 만족도를 빌미로 복음방으로 유인한다는 얘기다. 결혼, 임신, 해외 취업, 이민, 유학, 입대, 이사, 시험을 앞둔 사람이나 간병자, 부채가 많은 사람 등은 결격사유에 해당한다고 명시한 것도 눈에 띈다.

신천지 | 이단옆차기

경영학 기법까지
활용하여
유인한다

신천지의 '모략'은 태신자 카드 1장 작성하고 내버려 두다시피 하는 한국교회 전도법과는 차원이 다르다. 신천지는 경영학 기법인 'SWOT 분석'을 활용해 설문조사, 심리검사, 측정표, 관리일지 등을 총동원해 포교 대상자를 분석한 뒤 거짓 상황을 만들어 성경공부를 하자며 유인한다.

신천지는 포교 대상자의 정보를 수집한 뒤 세부 보고서를 작성한다. 섭외자가 결정되면 3~5명이 머리를 맞대고 시나리오를 짠다. 적게는 2~3명, 많게는 수십 명이 '잎사귀'가 돼 맞춤형 포교전략에 착수한다. 신천지는 섭외자를 결정할 때 미리 정한 기준에 따라 점수를 매긴다. '항목별 기준표', '합당한 자 선정 기준표', '대상자 분석 시트' 등에서 일정 수준 이상의 점수가 나와야 다음 단계인 맞춤형 전략과 복음방 교육을 실시한다.

신천지는 '항목별 기준표'로 섭외자의 성향을 예측한다. 기준표에는 신앙유형(율법·사랑·열심·지식·부자·기도·은사), 신앙연수(모태·유년기·20세 이후 시작), 교회 크기(대·소), 교회 내 직책(유·무), 가족관계(좋음·나쁨), 가족 신앙(좋음·좋지 않음), 표정(적당함·잘 웃음·무표정·눈 피함·화난 듯) 등 60여 개 세부특징이 들어있다. 특히 교단은 장로교, 감리교, 침례교, 성결교, 순복음, 고신, 가톨릭으로 분류하는데 예장 고신의 경우 '구원관이 아주 강하며, 말씀 공부하는 것을 좋아함. 자기네 교단만 같이 모인다'는 식으로 특징을 기술했다.

섭외자가 정해지면 신천지는 허위 간증을 통해 자신들의 신앙심이 깊다는 것을 과시한다(신앙우위 선점). 이를 위해 '가짜 간증 만들기' 교재를 이용하는데 간증의 내용에 신앙경력, 말씀에 대한 갈급함, 사역 동기(꿈·계시·응답·서원), 말씀을 깨달은 후 기쁨 등을 넣어야 한다고 소개돼 있다.

신천지는 복음방 성경공부를 원활하게 진행하기 위해 보조도구도 사용한다. '밭갈이' '입막음' '이단 경계심 낮추기' '말씀의 중요성 심기' 등의 교재인데 복음방 교육을 방해하는 요인을 사전에 없애는 도구다. '밭갈이'교재는 섭외자의 개별특성에 맞는 상담 교본이며, '입막음'과 '이단 경계심 낮추기' 교재는 성경공부를 비밀로 하고 이단에 대한 거부감을 낮추는 데 활용된다.

신천지 각 항목별 기준표

직업	직종	공무원: 안정적 수입, 칼퇴근. 학생: 직장인에 비해 비교적 시간 조절 가능. 보안문서이므로 외부유출…(일부 판독불가)… 관심사 多. 개인사업 및 자영업: 자기 회사에 따라 시간 조절 가능. 푸우현 편. 일반회사원: 비교적 안정적인 경제력	공무원: 제한 많이, 고집? 간호사: 삼교대 근무. 회사원: 12~3월 사이 야근 多. 일용직: 경제적, 시간적 불안정. 보험회사: 다른 수강생들을 보험 고객 대상으로 볼 수 있음. 예체능: 4번 유형 多, 개인수업 뭐울기질 有. 개인 사업 및 자영업: 수입으로 개인정 서상 육심多. 일반 회사원: 야근 유무, 회식, 출장이 잦은 회사인지 확인해보아야 함.
	가까운 위치	지각↓, 실량 및 친분 교제 용이, 시간이 절약되므로 최근시간 허입이 줄어든다.	센터 노출 위험↑, 신천지 소문을 들을 가능성大, 센터 사역자의 사생활 노출 가능성有, 일사귀 어른들 가능성有, 감작스러운 센터 방문 가능(예기치 못하게 일사귀와 센터에서 마주칠 수 있음).
	먼 위치	오거에 복습할 수 있음. 센터 필요소↑(너무 가까이에 있는 것에 비해 여 비교적).	지각, 결식 가능성大, 전 보강에 어려움 심방에 어려움, 심적, 육체적 피로 심함.
교회 교단	장로	교단, 분파가 많아서 어느 누가 뭐라해도 의심X. 장로교 안에 이단이 많음 多. 미국법이 장로교파로 들어감. 절대 예정론이 큰 햇점.	이단 경계심↑, 삼일교회, 온누리 교회, 사랑의 교회
	감리	자유분방함 활동적임. 말에 대한 제재가 거의 없음.	성경 유모설, 한민구원설X 성경롯실X. 다문화주의 소속확인이 빠르게 됨(학교 3곳: 감신대, 총신대, 협성대). 전도 강조X.
	침례	율법 중심(예X), 전도 강조함. 바울신학중심. 중심함 多. 타협하지 않는 성향.	이단 경계심多. 목사 중심교. 연세중앙교회, 성락교회. 단일교회 크기가 크다.
	성결	다른 교단의 분위기를 따라간다. 교단 응집력이 떨어진다. 설교 내용의 깊음은 기도와 성령 중심(은사) 타교단에 비해 이단 경계심이 떨어진. 정치적 관심이 높다.(목사 선출에서 정치연으로 세움).	이단경계심↑, 신앙의 편자가 크다. 목사 중심형이며 호응기 목사에 대한 무조건적 선교가 대단함. 집사님을 중 8번 성향 多. 순복음에서 사역하고 싶어함. 학교: 순복을 신학대, 한서대
	순복음	급급한 심령, 은사형, 기도형, 열실형 多. 교회에서의성율 多. 군의일부 비리사테(순복음), 선교회 多, QT에 관심 多. 한글강요 多.	
	고신	구원론이 아주 강함, 칼빈 교리를 아주 강하게 교육, 전도 강조, 말씀 공부하는 것 좋아함. 아포로 기도해서 나아야 한다는 신앙적 풍토.	교단에 대한 자부심↑. 자기네 교단만 같이 모인다. 고신파 내에서 교류가 활발.
	카톨릭	인성이 좋다. 성경적 호기심이 강한 편이다. 이단 경계심이 비교적 낮고 신천지에 대해 개신교 탄압을 많지 못한다. 교황무오성 주장. 고황선출. 마리아 신격화.	신심 약함. 자부심이 높음. 세상적(술, 담배). 신앙심이 낮음. 고해성사 시 임라움이 만을 수 있음. 혈식(착한 모습), 봉사활동에 대한 중요성 대우 큼, 신부, 수녀에 대한 신뢰도↑. 교구간 교류가 많아서 정보가 빠르게 뜬다. 넘옵자(후신양자)가 多, 미사(예배)의 중요성이 떨어진다. 레지오 모임과 같은 봉사 활동이 많다.

5. 신천지는 어떻게 사람을 미혹하나? 133

신설	교회 크기 大		유월 용이. 목회자와 친분 있을 가능성↓. 전도시 유리. 작은 교회에 비해 비교적 관심 집중X	이단 세미나多. 교회에 대한 자부심大. 같은 센터 수강생 중 같은 교회 출신과 마주칠 수 있음.
	교회 크기 小		다양한 프로그램 부재. 작은 교회이기 때문에 봉사에 대한 부담有. 큰 교회에 대한 동경有. 자부심이 비교적 낮을 수 있음.	유월시 어려움有. 교회 봉사에 매어있을 가능성 有. 교회 목회자 및 교인들과 끈끈한 유대 관계 형성. 가족과 함께 다닐 시 더욱 침요소가 높아지며 유월이 어려워짐.
	신앙년수	모태	신앙적 습관(주일예배, 십일조 등)이 잘 잡혀있음. 기본적인 성경 지식有. 전도할 대상자多	미지근. 안일. 형식적. 스스로를 부자라 생각. 확고한 구원관. 가족신앙으로 인한 침요소↑. 주변 신앙인↑.
		어릴 때부터	기본적 신심이 有. 성경적 지식有.	타인(부모, 친구)에 의한 신앙일 가능성大.
		20세 이후	모태 신앙 부러워함. 자기를 낮춤. 간절함 있음. 자기 의지에 의한 신앙. 신앙적 동기가 분명한 경우가 많으므로 전도시 참고하여 활용할 수 있음.	필요에 의한 신앙일 수 있음(결혼, 연애, 인맥, 직장), 성경, 기본 지식 없음. 신앙적 습관이 잡혀 있지 않아 환경의 영향을 많이 받음.
	신앙유형	율법(고신, 성결, 장로)	예의중시. 입막음이 비교적 잘됨. 원리원칙적이므로 정해진 규칙을 지키려고함. 배움에 성실함. 약속을 잘지킴. 직설적이고 솔직한편임. 선호교사: 1w2	고집이 세다. 고지식. 보수적. 융통성 없음. 타인(교사까지도)판단. 교회중심적. 모략에 대한 거부감 큼. 상극교사: 4, 7번 교사
		사랑	좋아하면 의지함. 배려심↑. 수용적, 순종적. 대체로 인성이 좋음.	우유부단. 인의형 동반. 자기 의(윤리도덕적 선)가 강함. 상대방의 기분을 상하게 하는 것을 두려워하여 속에 있는 감정을 그대로 다 표현하지 않으므로 겉으로 보이는 표현을 다 믿을 수 없음. 무지형인 경우가 많음. 말씀의 결론을 도덕적 선으로 두는 경우가 많음. 심판의 하나님을 이해하지 못하고 조건부 언약에 대한 걸림이 있음.
		열심	책임감이 강함. 인내심↑. 신심↑. 인성↑. 정신교육이 잘 통함. 전도할 지인이 많음.	자기 의가 강함. 교회내 직책에 책임감을 느껴 오랫동안 연연해함. 목회자와 친분↑. 침요소↑. 교회일이 겹칠 때가 많음.
		지식	말씀에 대한 호기심과 지식욕↑. 학습능력↑. 주관 뚜렷. 논리적. 이해력↑. 초반분별이 잘되는 편.	교만형. 부자형 동반하고 있는 경우 많음. 자기 지식이 많아 지진이 빨리오고 자기소유된 지식을 버리기 힘듦. 영안↓. 감성↓. 계산적. 이해타산적. 희생정신↓. 개인주의. 기독교 서적, 영어 성경 의존.
		부자	아는 성경 구절이 많아서 말씀을 빨리빨리 캐치함. 학습능력↑. 인정과 칭찬받는 것에 약하다. 아랫사람에게 베푸는 것을 좋아함.	교만. 자랑이 많음. 말씀을 다 안다고 생각함. 자기보기가 잘안됨. 고집이 셈. 인정하고 난 후에는 전도를 잘하고 열성적일 수 있음.
		기도	신심↑. 은사따기 잘통함. 기도해주는 것 좋아하고 의지함. 순종적임. 부지런함.	감정적. 말씀보다 기도 중시. 이성적X. 논리적X. 이단경계↑. 교회에 많이 빠져있고 기도원에 자주 들어감.
		은사	복음 중시. 은사따기 잘통함. 신심↑. 순수함. 더 큰 은사자 사모. 8번 성향의 은사형 교사 선호. 말씀에 무지하다는 컴플렉스 있음.	환청. 사람의 영향을 많이 받음. 꿈과 음사를 믿음. 귀가 얇음. 우유부단. 학습능력↓.
	교회 내 직책	有	열심형의 기회와 동일	열심형의 위협과 동일
		無	비교적 침요소가 적다. 비교적 유월이 어렵지 않다. ㅁ	신심이 비교적 낮은 편으로, 하나님을 위해 자신의 것을 비우고 버리는 것이 힘든 경우일 수 있다. 전도 대상자가 많지 않을 수 있다. 말씀 분별이 잘 되지 않고 자신이 열심히 하지 않았기 때문에 몰랐을 뿐 교회 목사님도 다 아는 내용일 것이라고 생각함. 주4회 등 시간 할애적인 부분과 교회 유월, 핍박이 큰 시험 거리가 될 수 있다.

인성	표정	적대감	정상적인 인성을 가지고 있을 가능성이 큼. 이성과 감성이 고루 발달하며 인지능력이 좋을 가능성이 높음. 조심성이 크고 신사적일 가능성이. 보안문서이므로 외부유출을 금지합니다.	신사적이며 배려심이 있고 교양있는 고사여대 유혹선망이 확실하게 될 수 있음. 보안문서이므로 외부유출을 금지합니다.
		잘웃음	억양히 밝고 쾌활한 정도로 웃는다면 순수하며, 하나님의 사랑과 은혜를 잘 느끼고 믿을 가능성이 큼.	너무 과하게 웃어도 우울증이나 불안감에 의한 것일 수도 있음. 불편한 심기를 웃음으로 숨기는 타입일 수도 있음.
		무표정	한 번 사람을 믿거나, 마음이 움직이면 쉽게 흔들리지 않음.	방어적인 성향으로 볼 수가 있음. 경계심이 크고, 마음 열기가 힘들 수 있으며, 감수성이 떨어질 수 있음. 냉소적일 수 있음. 자신에 대해 다 안다는 듯이 이야기 하는 것을 싫어할 수 있음. 지식적일 가능성 큼. 하나님의 사랑을 믿지 못할 수 있음.
		눈피함	관심을 가져주는 사람을 붙잡고 은근히 떨어지지 않음. 자존감이 떨어지기 때문에 타인의 말에 쉽게 휩쓸리므로 따지기 잘될 수 있음	자존감이 떨어짐. 마음 열기 어려움. 사람을 쉽게 신뢰하지 않음. 우울증 가능성 있음. 심할 우울 학습 능력 떨어질 가능성 있음. 하나님 사랑을 믿지 못할 수 있음. 천국에 대한 소망은 없어도 심판에 대한 두려움 있을 수 있음.
		화난듯	부모님과의 사이가 그다지 좋은 편이 아닐 가능성이 큼.	공격적이며 자존심이 셀 가능성이 큼. 상처를 쉽게 외면로 섭외할 수 있음. 대인관계 하기가 좀 가능성이 큼.
	태도	말수		
		말투		
		자세		
		예의		
환경	가족관계	好	가족 전도시 용이함.	가족에게 입막음이 쉽지 않는다.
		不好	입막음이 조금 더 쉬울 수 있다. 센터 사역자를 의지할 수 있다	심리적으로 불안정할 수 있다. 가족 전도가 어려울 수 있다.
	가족신앙	好	가족이 전도 대상자가 될 수 있다. 신앙적 습관 것을 수 있다.	부모에 의한 신앙일 수 있다.
		不好	유혹시 결림 요소가 적다. 짐 맞을 가능성이 묻어든다.	신앙적 절대성이 약할 수 있다.
	출신학교전공	有	같은 전공의 일사귀 활동할 수 있음.	같은 학교나 캠퍼스를 모떡 한센으로 이용하는 것을 피해야 많(모략 걸릴 위험히). 수강눈을 간에 같은 학교, 같은 전공성이 있는 것은 아닌지 확인해 보다야 말.
		無	우위선점이 쉽다.	학습 능력이해력이 떨어질 수 있음.
	경제적여건	자립가능	경제적 어려움X.	세상적 욕심이 클 수 있음. 우신순위가 직장일이 될 가능성이 큼.
		의존	주로 학생으로 용돈을 받기 때문에 직장인에 비하여 시간적 여유가 있고 육체적 피로가 결림.	부모님에게 의지하고 자율성이 떨어질 수 있음.
		빈곤, 가족부양	지푸라기라도 잡고 싶은 심정일 수 있음.	공부 중단, 포기 가능성↑. 물질적 시험에 쉽게 넘어갈 수 있음. 열등감 大. 불안감大.

		기회	위협
나이	적을 수록	순응↑, 경계심↓, 내숭↓, (외모악)↑체력↑, 단호함을 줄임↓, 단순↑, 잘됨, 리더자 동질	(외모)↑, 경계력↓, 입막음×, 일회유혹↑, 세상욕심↑, 학업병행(시험, 졸업 과제 등), 무지함, 의리형 多
	많을 수록	심심↑, 주권 투렷, 재밀음 갈음, 인내력↑, 경제력※, 예의※	고집↑, 경계심↑, 변덕↓, 가정사 가능성↑, 고정관념↑, 체면 중시
애니어	1	원칙과 약속을 잘지킨다. 책임감이 있다. 감정 기복이 적다. 기본적 예의가 있다. 성실하다. #선호교사: 1, 8번 교사	융통성이 없다(자기 원칙과 맞지 않으면 관계 단절). 자신을 가르치는 사람을 판단하는 경향 있음(교사, 전도사, 강사 등). 자책을 많이 한다. 고집이 세다. #상극교사: 4, 7번 교사
	2	배려심이 있음. 잘맞는 사람을 불이면 무조건 신뢰하며 잘 따른다. 협력적이며 회생할 줄 안다. 소천십을 통과한다. 청찬에 약하다. 점어 약하다. #선호교사: 2, 3, 8번 교사	사람을 의지하므로 말씀과 하나님에 의지하도록 정신교육과 자주 끌 요함. 사람으로 인한 상처, 교사가 원하는 대답을 하는 일 집이 많을 수 있음. 윤리 도덕적 선을 중요시 여기므로 오프시 포럼에 크게 걸림에 됨(티를 내지 않음). 보상심리가 있어서 배려한 것에 대해 인정 받지 못하는 상황이 반복되면 마음이 당아... 문제가 벌게 묵묵을 많이 눈치 챌 수 있음. 말씀을 들을 때 모든 경우의 사람을 풀러 도덕적인 선으로 결론 짓는 경향이 있으며 도덕적 자기 보기에 열심이 함. #상극교사: 1, 4, 5, 6번 교사
	3	효율적이다. 일 중심적이다. 주진력이 높다. 외향적인것을 추구한다. 앞에 보이는 이익이 있으면 따라옴. #선호교사: 1, 7번 교사	동기부여가 확실해야 움직임. 업무중심, 목표 중심이기 때문에 인간관계에 약함. 자신의 감정이나 타인의 감정을 무시함. #상극교사: 4, 5, 6번 교사
	4	사고가 깊고 행적으로 세일할 수 있다. 감성적이며 공감력이 뛰어나다. 직관력이 좋은 편이다. 남들과 다른다는 것을 알아주기를 원한다. 축음에 대한 두려움이 있다. 인생의 허무함을 노래 줄 안다. 자신에 대한 정직한 논리가 강하다. 감정에 대한 이해를 원한다. #선호교사: 2, 4, 7번 교사	감정기복이 심하다. 우울하고 슬픈 감정에 빠지면 연락이 두절되거나 잠수 많이 탄다. 혼자 있는 것을 좋아한다. 자기 생각이 많다. 구속을 싫어한다(훈련거부). 돌발 행동을 한다. #상극교사: 1, 3, 8번 교사
	5	탐구하고 싶어함. 지식에 대한 호기심이 많아 궁금증 유발을 시켜주면 잘 따라옴. 감정 컨트롤을 잘함. 논리적이고 이성적이어서 감정에 지우치지 보다 말씀이 있으면 따를 수 있음. #선호교사: 3, 5, 6, 7번 교사	소극적임. 혼자 있는 것을 좋아함. 개인주의 성향. 단체활동에 적응하지 못함. 감수성이 떨어져 의례, 감사, 흔에, 하나님의 슬픔을 잘 느끼지 못함. 화내거나 나의 분위기에 떨어도 스스로 화가 난 줄 알지 못하며 말을 하나 밝지 않았다 하지만 평온하나 표정은 전혀 다르게 나타날 수 있음. 감정에 비려를 시키고자 거북갑이 드는 일에도 '예, 그럴까 하겠습니다' 라고 말하고 그렇게 행하지 않을 수가 있으나 본인 스스로도 인지하지 못함. #상극교사: 2, 8, 9번 교사
	6	눈에 보이는 확실한 자료나 스펙을 신뢰함. 한 번 신뢰하면 끝까지 따라감. 순종적임. 판단력이 빠름. 이성적임. 성실함. #선호교사: 2, 3, 6, 8번 교사	의심이 많아서 자신이 확신할 수 있는 때까지 객관적 자료를 모음에 신뢰가 같이가 쥐기에는 오랜 기간이 필요함. 겁이 많아 신천지 오프시 탈동을 받아도 두려워하지 않게 말씀 들이 날 시에 발생할 지옥에 대한 두려움을 종교시키고 신천지에 대한 두려운 이미지를 없앨 수 있는 작업이 필요함. 추진력과 행동력이 떨어짐. 안전을 추구함. #상극교사: 2, 7, 9번 교사
	7	호기심이 많음. 즐겁게 해주는 일 잘러움. 분위기를 밝게 좋다. 좋아하는 일에는 매우 열심이 있음. 외요지향적임(집치에 중시). #선호교사: 1, 3, 8번 교사	통제가 안됨. 주위신만하고 집중 잘함. 끈기 없음. 사람(사명자)를 쉽게 신뢰하지 않음. #상극교사: 1, 2, 4번 교사
	8	본인이 이끌고 하는 것은 끝까지 함. 의지, 결단력이 있음. 감정에 드러남. 목표중심적임. 리더쉽이 있음. #선호교사: 8, 9번 교사	강자(비슷한 보이는)에게 강하고 약자에게 약하므로, 교사 선정시 대낭자 그것을 속이더라도 자존심을 상하지 않을 수 있을 정도로 확실히 무리 선언이 되어 있는 교사여야 함. 자존심이 상하거나 자신의 주장과 부딪히면 욕임, 목표가 권리만 방관하고 희피하는 의욕을 상실함. 외견 충돌시 상대방에 대한 배려가 떨어지며 억압적임. #상극교사: 2, 4, 6번 교사
	9	사람들에게 상처주지 않고 원만함. 평파로움. 스스로 동기부여가 되고 한 번 결정한 일에 쉽게 마음을 바꾸지 않음(띠기가 편견임). #선호교사: 1, 8, 9번 교사	설득(따기)이 되지 않음 쉽게 풀러리 없음. 변화를 싫어함. 자기식으로 생각하고 해석하는 경향 있음. #상극교사: 3, 5, 7번 교사

고민과 관심사	청년	취업	연결 고리가 많다(동아리, 세미나 등). 쉽게 빠져든다.	세상적인 것에 치우칠 수 있다. 취업을 하게 되면 갑자기 시간적 여유가 생길 수 있다. 비젼이 없는 청년 중에 우유부단한 성향이 많다.
			시간적 여유가 있다(시간 조절 가능함).	취업 문제에 실직 불안감 있음. 경제적 환경이 좋지 않음
		결혼	배우자 위한 상담 고리(기도 등) 가능. 부모로부터 자립성이 있는 경우가 많다.	결혼 준비로 바쁠 수 있다. 배우자의 간섭이 있을 수 있다. 남자친구가 없는 경우 이성에 대한 관심이 지나쳐 물질에 집중을 못할 수 있다.
		직장 내 고민	같은 직종의 일사귀를 붙여 관리하거나 멘토링을 해줄 수 있다.	직장에 많이 매이거나, 신앙보다 직장 안의 문제에 더 치중할 수 있다.
	부녀	자녀	은사 모략이 잘 먹힘. 공감대와 동질감을 형성할 수 있는 일사귀가 많이 있음.	자녀가 어린 경우, 아이를 누군가에게 맡기어 하기에 공부 시간을 내기가 쉽지 않음
		가정 화평	은사 모략이 잘 먹힘. 가정 내 문제를 본인에게 맞추어 자기 보기 시킬 수 있음.	우울증 우려. 시부모님의 간섭이 있을 수 있음. 특히 시부모님과 같은 교회를 다니거나 가까이 사는 경우
		경제력	은사 모략이 잘 통함.	자존감이 낮고 돈에 대한 집착이 강할 가능성이 높음.
		건강	은사 모략이 잘 먹힘. 영생에 대한 소망을 넣기 좋음. 건강 회복에 대한 소망이 큼.	육신의 고통으로 인하여 습득 수강이 어려움. 가족의 반대에 부딪힐 수 있음. 병이 너무 많은데 경제적 어려움이 있을 수 있음.
	장년	경제력	같은 업종으로 성공한 간섭인의 임사귀나 상담가를 붙여 친분 및 따르기를 할 수 있음.	금전적 시험을 이기기 어려울 수 있음. 가장으로서의 책임감이 걸림이 될 수 있음
		직장 내 고민	같은 직종, 같은 고민을 가지고 있었으나 극복하게 된 사례, 임사귀를 투입하여 따르기 및 판리를 할 수 있다	낮시의 고통됨, 밀린 월급, 적성과 맞지 않는 직업, 능력 부족, 직장내 대인 관계 등 여러가지 고민에 대한 상담을 통해 고리를 연결할 수 있다.
		건강	건강 세미나를 통한 연결 루트 있음.	실제로 건강이 많이 좋지 않은 경우 수강이 어려울 수 있음. 가족의 건강이 고민일 경우, 가족에게 매어 있을 수 있음. 특히 가족 중 병원에 입원 중인 환자가 있다면 경제적 부담이 있을 수 있음.
		가정		가정의 화평이 고민일 경우, 가족과 평화하지 못할 가능성이 높으며, 직장 후 성경 공부까지 하고 들어가게 되면 가족들과 보내는 시간이 더욱 적어지고, 대상자도 피곤해지므로 가정에 더욱 소홀해져서 가정 내 문제 해속 불러 일으키고 그로 인한 시험과 핍박이 올 소지가 있음.
		자녀	자녀를 위해 변화하려고 노력한다.	자녀의 건강이 좋지 않거나, 학업 성적이 떨어지거나, 나쁘게 못하지 않거나, 불량한 친구들과 사귀는 등 여러가지 자녀에 대한 고민이 있을 수 있음. 자녀가 건강이 좋지 않을 경우 경제적, 시간적 여유이 없으며, 불량한 친구들과 사귀는 경우 예기치 못한 사고를 쳐서 위업이 합당할 수 있음.
	신앙적 고민과 관심		성구 입위용이 비교적 잘 통하는 편임. 따르기가 쉬우며, 좋음 받을 가능성이 높음.	

섭외자 관리카드

섭 외 자 관 리 카 드

섭외자 관리카드 완성일: .

| 부서: | 지역: | 구역: | 구역장: | 인도자(+번호): |

단계								
	이름		성별	나이	혈액형	섭외유형 및 관계		
						도구1)		
	학교 및 직장(자세히)2)					섭외자 번호		
1단계	집3)	현재 실 거주지						
		주소지(본가)						
육적 기본 정보 (환경 및 인성)	가족(자세히)							
	가족신앙여부4)							
	가족동거여부							
	육적환경 (결격사유점검 및 섭외자 스케줄)5)		결격사유점검					
			섭외자스케줄					
	취미/특기			애니어그램 총점수 및 순위6) / 애니어:				
				1	2	3	4	5	6	7	8	9
	고민사											
	관심사											
	성장과정7)											
	성격(인성)8)											

1단계 참고사항 (필독)

1) 섭외유형 및 관계/도구: 섭외유형→가족,지인,계획섭외(노방) 중 해당사항 택1 / 관계/도구→지인일경우→관계표시 계획섭외일경우→섭외도구기록
   예): 가족(엄마) // 지인(대학후배) // 계획섭외(도형지)+ *계획섭외시 도구 앞에 괄호나 간단히 기록해도 됨

2) 학교 및 직장(자세히): 학교→학교명,전공과,학년&학기,학교위치 / 직장→직장명,직장업종,직급,직장위치 기록
   *위치 기록시 전철의 위주로 기록하는 것이 좋음(이동시거리,시간 가능)

3) 집: 현재실거주지→현재 실제로 몸담고 살고 있는 곳 / 주소지(본가)→주민등에 기록된 주소(본래집이 있는 곳)
   *현재실거주지와 주소지(본가)가 같을 시엔: 주소지(본가)에: "위와 같음" 이라고 기록

4) 가족신앙여부: 예)아버지(무교), 어머니(천주교), 언니(휴신영), 동생(기독교), +동생과 같은 교회 다님o

5) 육적환경: (1)결격사유점검: →환경:결혼,임신,해외취업,이민,유학,군대,이사 등
   (내외적점검사항) 건강:정신허,육체의 심한질병유무여부:심한우울증/조울증, 암, 디스크, 언어장애, 신체장애 등
   경제:심한 빛, 다단계, 네트워크, 심한 가난 등
   (2)섭외자스케줄: 예)월 ~ 금 주5일 am9시~pm6시까지 직장, 째주 토요일 아침마다 등산을 다님, 일요일은 교회

6) 애니어그램 총점수 및 순위: 각 애니어 점수 다 기록, 그 아래 관계는 3등까지만 순위 매기기(동점 있을 경우 중복 기록)

7) 성장과정: 자리온 분위기 및 큰 사건을 위주로 기록, 부모님께 사랑받은 정도, 가족안에서의 성치, 학교생활시 모습 등을 기록

8) 성격(인성): 약속을잘지키는자여부, 예의가바른지(인사성,말투,대집), 성격의 장단점 및 특성, 섭외자의 분위기 등을 기록

단계	현재 출석 교단		교회/성당 이름		위치	
2단계 (영적 기본 정보)	직분		맡은 사역(1)			
	신앙년수(구체적)(2)			전인책목회자유무		
	현재 출석 교회/성당을(를) 다니게 된 동기					
	복음방 가능 횟수		주 회 가능		공부 가능 시간	월 / 목
	센터과정신청	평일□ 주말□	수강예정 센터(지역)			화 / 금
						수 / 토
	수강 시간대	오전□ 오후□ 교차□ 둘다□ 기타:			기타:	
필독	1)맡은 사역: 예)피아노반주, 교회성가대, QT모임 조장 등 / 없으면 '없음' 이라 기록 2)신앙년수(구체적): 예) 2년(고3~현재) // 모태신앙(부모님과 지금도 다님) // 1년(여러 다니진 않았으나, 올해초부터 다님)					
3단계 (신심 기회 위험)	신앙 시작 계기(구체적)					
	신앙의 발자취(3)					
	현재 신앙생활 및 활동사항					
	신앙의 목적					
	3)신앙의 발자취: 예) 무교집안의 무교→ 중1때 친구전도로 교회다니게됨→ 고3까지 교회다니다가 현재까지 휴신앙중 *순차적쓰기					
	신앙에 대한 불만, 상처, 만족					
	하나님 경외심 정도(4)					
	말씀 관심도(5)					
	4)하나님 경외심 정도: 성경읽기빈도, 교회방문빈도, 기도, 하는 일(인생관&희우관), 예배출석율, 교회 관련 활동들 등으로 파악 5)말씀 관심도: 성경궁금증, 말씀희망대상, 소재반응, 성경읽기빈도, 성경지식수준, 말씀관련활동(QT, 성경공부 등) 등으로 파악					
	성경공부 경계심 및 근거					
	알고있는 / 경험한 이단					
	SCJ 아는 여부 및 근거					
	참요소 및 핍박예상자					
4단계 (기타 참고 사항)	신앙유형(○,△로 표시)(6)	사명 / 무지	감사 / 율법	열심 / 교단	핵복 / 마지근	봉사 / 근심	기도 / 무신앙	은사 / 휴신앙	안위 / 기복신앙	부자 / 모태신앙	참기 / 기타:
	신앙적 고민, 관심사, 비전										
	현재 섬의자 기도제목 및 바램										
	6)신앙유형: 해당되는것에는 ○, 약간해당되는것에는 △, 해당안될시에는 X 또는 여무기록하지않기 (여성친구, 콤플렉스, 특이습관, 만나면 안되는 일사귀 등 특별참고사항 등 자유롭게 기록)										

전도요청서

전 도 요 청 서

보안문서이므로 외부유출을 금지합니다

◆ 전도 요청자 ◆

이름	지파	교회	부서	연락처	담당부서	담당자	연락처
					전도부		

전도 요청일: / 요청 접수일:

◆ 전도 대상자 ◆

알곡이름		성별/나이		결혼여부		혈액형	
출석교회		교단		신앙년수		출석교회신앙년수	
직분		신앙기둥		통독횟수		인도자와의 관계	
직업		특기/취미		교통수단		최종학력	
섭외방법				가족관계 신앙여부			
주소				연락처	휴대폰		
					집		
신앙간증	
성품/특징	
기도제목/고민과 관심	
하루일과/공부할 시간	
교회에서 받은상처	
좋아하는 성구와 찬양	
성경공부경험	

신앙유형▽	· 신앙생활	○율법형	○목사형	◎기도형	○은사형	◎열심형	◎사랑형	○집회형
	· 개 인 별	◎부자형	○교만형	○예언형	○시험형	○장기형	◎마지근형	
	· 계 층 별	○목회자	○신학생	○장로	○장년	○부녀	◎청년	○무신앙
방해요소▽	○지인중 목회자		○배우자		○이성친구		○물질		○직장		○기타

◆ 알곡 기준표 ◆   5-매우 그렇다 4-그렇다 3-보통이다 2-부족하다 1-전혀 그렇지 않다

신 성	현재 육신중이며 매사 하나님을 의지한다.	5	4	③	2	1	인 성	주관과 의지력이 분명하다.	5	4	③	2	1
	말씀에 갈급하고 모르는 부분을 알고 싶어한다.	5	4	3	2	①		이해력, 분별력이 높다.	5	4	③	2	1
	천국의 소망과 지옥의 두려움이 있다.	5	4	3	②	1		약속을 잘 지키며 어길시 미안하게 여긴다.	5	④	3	2	1
	마지막 때와 예언서에 관심이 있다.	5	4	3	②	1		온유하고 긍휼히 여기는 마음이 있다.	5	④	3	2	1
	예배출석이 습관화 되어 있다.	⑤	4	3	2	1	환 경	건강(우울증, 정신질환)으로 인해 걸림 되지 않는다.	⑤	4	3	2	1
	이단경계심이 낮다.	5	④	3	2	1		신앙의 걸림이 될만한 극심한 채무가 없다.	⑤	4	3	2	1
	목회자를 의지하지 않는다.	5	4	③	2	1		신앙의 자유가 보장된다.	⑤	4	3	2	1
	교회 생활에 불만이 있다.	5	4	3	②	1		총점					
	세상 욕심이 없다.	⑤	4	3	2	1		※ 총 80점 중 A급 : 65점 이상, B급 : 55점 이상 ※					

◆ 참고사항 ○○으로 외부유출을 금지합니다

구 분	내 용
•섭외모탁 •현재까지 관리내용	
•앞으로의 계 획 •선호교사 유 형	
•기 타 당부사항 •신 천 지 인식여부 및 알게 된 경위 등	

(워터마크: 192.168.0.4 / 2008-11-17 16:33 표인된사이프로 외부유출 함을 금지합니다)

5. 신천지는 어떻게 사람을 미혹하나? 141

신앙 관리카드

신앙관리카드

♣ 열매 현황

이름		성별		생년월일			연락처	
				년 월 일(양,음) 세				
자택 위치 (간단 주소)						결혼여부	☑미혼 □기혼	
현재 출석교회						신앙년수	취미 / 특기	
교회명, 소속교단				직분,직책				

교회위치 (간단 주소) :

직장 (학교)	□공무원 □자영업 □의료인 □법조인 □일용직 □주부 □운수업 □연예/스포츠 □회사원 □교직자/학원강사 □언론인 □예술인 □군인/경찰 □농·수·축산·광업 □아르바이트 □학생 □무직 □다단계 □기획부동산 □기타
	직장(학교)명 및 위치 :

가족	관계	(배) 아버지				
	종교 및 직책	기독교, 장로교 집회				
	동거여부	○				
	신앙 리더자 (가족,지인) :			필박 예상자 :		
	가족 외 사역자 :			가족 외 동거 중인 자 :		

신앙유형 및 성격 (해당란 모두 √표)	□기도형 □은사형(꿈,예언) □목사의지 □사람의지 □격식을 좋아함 □말씀길갈 □영적부자(교만) □열심(봉사, 전도) □무신앙 □휴식앙 □기타 ( ) ☑약속잘지킴 □우유부단함 □의심많음 ☑활동적임 □소극적임 □기타 ( ) □목회자 □신학생 □자문 □장년 □부녀 ☑청년 □학생(19세, 고3)
예배	□새벽예배 ☑주일예배 ☑수요예배 □금요철야 □기타모임 :
섭외	☑지인 □수강생지인 □가족, 친척 □추수밭 □말씀테이프,DVD □전단지 □인터넷 □가가호호 □기타 (섭외등록일 : 년 월 일)

기타 (선택기록)	▪예전 성경공부 경험 : □버벨론( ), 신천지 □복음방 □센터 □교회) ▪복음방 수강횟수 : □주4회 이상 □주3회 □주2회 □주1회 (복음방등록일 : 년 월 일) ▪환경 : □결혼예정 □임신중 □취업준비중 □유학,이민예정 □이사예정 □시험준비중 □군입대예정 □장기출장(국내외) □개임중독 □도박 □기타 ( ) ▪학습능력 : 이해력 (□상 □중 □하) □문맹 □기타 ( ) ▪건강 : □6개월 이내 수술예정 □현재 앓고 있는 질병 : ▪선교센터 등록 시 신천지 □안다. □모른다. ▪초중고 수강예정 정규과정 센터명 : □오전 □오후 □저녁 비정규과정 장소 : 요일, 시간 : ▪집에서 센터까지 소요시간 : ▪직장에서 센터까지 소요시간 : ▪기도제목 (고민, 관심사) :

위장(칭)교육	해결책 (예소,상담)

♣ 인도자, 교사, 잎사귀 현황 (전도실적과 무관, 실제상황 기록)

인도자 (최초 소개자)	지파, 교회	부서	이름	현 직분	고유번호	핸드폰
	본인소개 컨셉 :					
복음방 협력자 (연결,관리)	지파, 교회					
	부 서					
	이 름					
복음방 교사	지파, 교회	부서	이름	현 직분	고유번호	핸드폰
	본인소개 컨셉 :					
잎사귀 (초중고 과정 수강 도우미)	지파, 교회	부서	이름	현 직분	고유번호	핸드폰
	본인소개 컨셉 :					

♣ 복음방 현황 < 예시 > 1. 마음열기 2. 복습하기 3. 약속지킴 4. 공부에 대한 의지 5. 말씀에 대한 절대성 6. 자기 보기 7. 회개 감사 8. 이단경계 9. 환경 깜빡 극복 10. 교사 신뢰 11. 선악분별(말씀분별) 12. 시댕분별 13. 목자분별 14. 센타과정 약속 15. 이면유웰게시말씀, 약속한 목자 성전 인정, 16. 신천지 인정

횟수	교육일자	말씀 제목	수강생 반응 ('예시' 참고하여 깨달음 정도 등 기록)	확인
1				
2				
3				
20				

○ 첫 만남부터 선교센터까지 인도과정 (말씀대성회, 세미나, 일일찻집, 문화강좌, 동호회 등 과정 기록)

↓ 교회실정에 맞게 사용

○ 선교센터 인도 시 주의사항

	구역장	지역장	전도부	강사
확인란				

개인전도 관리표

현	대상자	관계	인	신	환	최종진행현황(특이정보)

"어, 누가 나한테 했던 질문인데…"
이런 질문 던지면 신천지

신천지가 이단에 대한 경계심을 낮추는 멘트를 보면 이들이 얼마나 치밀한 종교 사기 집단인지 짐작할 수 있다.

'이단 경계심 낮추기' 멘트에는 포교 대상자가 신천지 등 이단을 어떻게 생각하는지 은연중에 알아보기 위한 다양한 질문이 나온다. 첫 번째 멘트는 같은 사이비 종교집단인 여호와의증인을 제시하며 이단에 대한 경계 수준을 측정하는 것이다.

일례로 신천지 포교꾼은 "쉬는 날 이상하게 벨이 자주 울려서 토요일 문을 열어 줬더니 여호와의증인이더라고요. 목사님은 절대 말하지 말라고 했는데… 말해보니 그렇게 나빠 보이지 않아서 대화를 나눴는데 자매님 생각은 어떠세요?"라면서 상대방의 의중을 떠본다.

주변에 신천지 신도가 있는데 이혼 문제가 나오고 있다는 말로 상대의 반응을 살피기도 한다. 신천지 포교꾼은 자신의 신분을 철저히 숨긴 채 "내 친구 언니가 결혼했는데, 신천지였던 것을 남편이 몰랐다가 최근에 알고 이혼하자고 난리인데 어떻게 생각하느냐."고 질문을 던지기도 한다.

이밖에 "아는 이단이나 사이비 종교가 있으면 알려달라." "기도 많이 하면 분별할 수 있는 게 아니냐." 등의 질문을 천연덕스럽게 던지기도 한다.

신천지 탈퇴자 A 씨는 "이단에 대한 경계심을 낮추는 멘트는 주로 포교 초기 단계 포교 대상자를 찾을 때나 신천지 복음방 단계에서 많이 사용한다."고 설명했다.

이어 "이 멘트는 신천지인지 의심하는 포교 대상자에게 주로 물어보는데, 신종 코로나바이러스 사태로 중단된 성경공부 때 이런 질문이 나왔다면 신천지일 가능성이 매우 크다."고 충고했다.

복음방 단계 기준표

	1 - 말씀 공부의 중요성	평가
1	수업시 수강생이 올바른 자세로 경청하는 가?(끄덕임, 눈맞춤, 졸음, 복음방교사에 대한 예의는?)	
2	입막음의 필요성을 인지하고 행하고 있는가?	
3	복음방에 나오는 이유가 말씀이 하나님임을 깨달았기 때문인가?	
4	자신의 문제(환경)를 복음방 교사에게 먼저 상담하고 오는가? (가정, 학교, 직장, 인간관계 등...)	
5	약속을 잘 지키는가, 지각 및 결석시 미리 복음방 교사에게 연락하고 미안해 하는가?	
6	수업 후 복습과 숙제를 성실히 하고자 노력하고 있는가?	
7	복음방하면서 주위사람들에게 핑계를 잘 대면서 절대적으로 수강에 임하는가? (모략 설정 유무)	
8	세상일과 수강시간의 겹침을때 수강을 우선적으로 선택하러 위해 상담하고 오는가?	
	합 계 (32점 이상 시 단계향상)	

	2 - 자기보기	평가
1	말씀을 듣고 자기와 연관 짓는가? (하나님이 나에게 주신 말씀임을 인정)	
2	말씀을 듣고 말씀을 모르고 있었음과 행하지 않았음에 부끄러워 떨려하는가?	
3	말씀을 듣고 보니 자신이 (물고기가 울때난 것 처럼) 믿음을 떠난 신앙을 했다고 고백 하는가?	
4	말씀을 듣고 보니 모든 문제도 자신이 말씀대로 신앙하지 못했기 때문 이라는 것을 인정하는가?	
5	복음방 교사를 하나님의 목자로 대하는 마음을 가지며 그에 따른 행동을 표현 하는가? (감사 표현)	
6	경계심이 낮아지고 말씀에 대한 안도감과 기대감을 갖기 시작하는가?	
7	말씀에 비추어 보니 지금까지 했던 자신의 기도가 잘못 되었다는 것을 고백 하는가?	
	합 계 (28점 이상 시 단계향상)	

	3 - 분별, 회개, 감사	평가
1	말씀 차원이 다르다는 것을 인정하고 교사, 임사귀에게 고백하는가?	
2	영육간의 신앙을 분별하려고 복음방 교사에게 상담하고 오는가?	
3	이 말씀을 지키고자 핍박과 환경을 극복하려는 행동을 보이는가?	
4	말씀 기준으로 신앙하지 않으면 구원을 받을 수 없음을 인정하는 말을 하는가?	
5	주일날 기존 교회를 다녀오면 말씀대로 너무나 잘못 되어있음을 인정하는 말을 하는가?	
6	기존 자기 교회를 가기 싫어하고 잘못되었다고 하며 예배드릴 곳에 대해 고민하며 상담하는가?	
7	기존 교회 모임과 교회사람 만나는 것을 괴로워하며 짐으로 여기는가?	
7	기존교회의 새벽기도 및 모임 참여, 헌금, 봉사에 대해 고민하면서 상담해 오는가?	
	합 계 (32점 이상 시 단계향상)	

	4 - 종교세계 바로보기	평가
1	기존 자기 교회가 미혹되었다고 인정하며 속되었다고 표현하는가?	
2	모든 교회가 사단에 미혹되어 있고 천국에 갈 수 없음을 인정하는가?	
3	자기 목자가 우상이고 자신이 우상숭배자임을 인정하는가?	
4	복음방 교사의 교회에서 예배드리고 싶어 상담하고 오는가?	
5	복음방 교사가 이단이라고 할지라도 진리의 말씀이 나오기 때문에 끝까지 배우겠다고 고백하는가?	
	합 계 (20점 이상 시 단계향상)	

	5 - 계시의 말씀 확신, 약속한 목자와 성전	평가
1	이 시대가 예언이 성취되는 시대임을 확신하는가?	
2	이 말씀이 하나님께로부터 온 계시의 말씀임을 확신하는가?	
3	유월하기 위하여 모든 환경을 정리하고자 상담해 오는가?	
4	세상에서 비방하는 신천지일지도 모르지만 말씀대로 순종할 것을 고백하는가?	
5	신천지나 다른 모든 이단에 대한 광고를 들었다 할지라도 오직 신앙의 기준은 말씀이라고 인정하고 순종하고자 하는가?	
6	세상에서 비방하는 신천지를 말씀대로 이루어진 약속의 성전으로 인정하여 믿음을 갖는가?	
7	신약의 약속한 목자를 통해서만 말씀이 계시됨을 인정하고 순종하고자 하는가?	
8	배도, 멸망, 구원(김예비 사자가 언약의 사자)의 노정에 따른 인간자에 대한 확신이 있으며 순종하고자 하는가?	
9	인터넷이나 방송, 각종 매체를 통해 신천지 비방의 내용을 거짓임을 인정하는가?	
10	말씀대로라면 신천지라도 가서 예배드리겠다고 하는가?	
	합 계 (40점 이상 시 단계향상)	

평가 : 1~5점 중 기록 (1. 전혀 그렇지 않다 2. 그렇지 않다 3. 보통이다 4. 그렇다 5. 매우 그렇다)

신천지 | 이단옆차기

신천지에
포섭되면
이미 AS 대상

신천지에 빠진 성도들이 쉽게 빠져나오지 못하는 이유는 세뇌 교육 수준의 철저한 성경공부 영향이 크다. 상당수 한국교회가 성경공부를 느슨하게 하는 것과는 달리 신천지는 인도자(포교자), 관리자(교육 도우미), 교사가 혼연일체가 되어 교리교육 후 수강생(미혹한 성도)의 반응, 과제부과 및 점검, 고민, 일과 등을 철저히 체크한다.

신천지는 탄탄한 사후관리시스템을 이용해 이탈을 막고 시한부종말론 교리를 주입한다. '복음방 단계 기준표'만 봐도 신천지가 얼마나 수강생을 꼼꼼하게 관리하는지 알 수 있다. 인도자와 복음방 교사는 기준표에 나오는 38개 항목에 따라 수강자의 눈빛, 약속 준수·감사 표현·기성교회 헌금생활 여부 등을 일일이 체크한다. 수강생은 기준표의 총점이 150점 이상 돼야 신학원에 입학할 수 있다. 의심을 한 수강생이 신학원 위치를 노출하는 최악의 사태를 막기 위해서다.

초·중·고 교육 커리큘럼도 체계적이다. 신천지 '초·중·고 강의안'에 따

> **더보기**
>
> **신천지 교육, 들어본 뒤에도 늦지 않다?**
>
> 이단에 빠지는 성도의 공동적 특징은 자신의 신앙을 자만한다는 것이다. 보통 '들어본 뒤 판단해도 늦지 않다' '혼자서도 이단을 구별해 낼 자신이 있다'는 생각을 갖고 있는데 관리카드, 기준표, 측정표 등으로 치밀한 포교전략을 짜놓은 신천지의 모략 앞에 이 같은 행동은 '영적 자살행위' 나 마찬가지다.

르면 교사는 강의 핵심목표와 강조할 부분, 기성교회 신학의 견해, 예상 질문·의문점, 필수 암송 성구, 교육 후 문제점, 인용하면 좋은 속담 등을 미리 숙지한다.

신학원 1학급당 수강생은 대략 30~100명이다. 그중 관리자가 절반인데 이들은 신분을 속인 채 학습 분위기를 고조시키는 바람잡이를 한다. 신천지는 또 '교육상담 멘트'라는 교재를 만들어 교육상담도 한다.

신천지에서 5년간 활동하다가 탈퇴한 A 씨(32세·여)는 "신천지는 사전에 수강생의 심리상태를 꿰뚫고 있다."면서 "인도자와 관리자, 교사가 수시로 만나 수강생의 반응을 점검하고 교육상담 멘트에 따라 상담을 하는 등 사전·사후 관리가 정말 치밀하다."고 설명했다. 그녀는 "주 4회 (월·화·목·금요일) 신학원 수업이 끝나면 담당 전도사가 복습지를 줘 복습을 시키고 성구 암송을 숙제로 내는데 그렇게 하다 보면 누구나 세뇌를 당하게 돼 있다."고 귀띔했다.

신천지는 수강생의 어려운 질문에 대비해 예상 답변 교본까지 만들었다. '난해 질문 문답정리'에는 '우리 목사님이 거짓 목사인 것처럼 느껴져 배우기 싫다' '14만4천 명이 한국인만 가능하냐' 등의 난해한 질문 146개에 대한 답변이 있다.

시온에도 믿지 못해 144,000에 들지 못한다면 얼마나 억울하고 원통한 일이겠는가?
▶ 초림 때 예수님께 말씀을 듣고 인정하고 따르는 자 단12제자 - 70문도 - 120문도 - 구원의 확대였다. 초림 때 12제자가 상징적인 수였는가? 아니다. 실제의 숫자였다. 이와 같이 먼저 말씀을 듣고 먼저 모인 수를 영적 신인 삼아 만국을 소성시키는 일을 한다고 하셨다. 또한 이 숫자는 사람이 임의적으로 정한 것이 아니고, 하나님의 구원의 섭리이고 뜻 정이며 하나님께서 작정하셨으니 그대로 이루어지지 않겠는가?
▶ 나라와 제사장이므로 한 나라가 아니겠는가?

14) 사실대로 다 말해 줘라. 먼저 배웠으니 다 알 것 아니냐? 믿음, 구원관이 너무 달라 혼란스럽고 나는 주위 사람의 모략에 속고 있다는 것을 느끼고 있으니 (또 너무 앞서서) 알려 줘라 참이라면 믿겠다 하면서 너도나도 참이라고 하니 신앙의 모든 것이 혼란스럽다고 질문하는 자?
▶ 예수님도 제자들에게 하나님의 나라 천국 복음을 전하면서 제자들에게 말씀을 하시므로 내가 이것을 비유로다 말씀을 하신다고 하신다. (요16:25) 내가 이를 것이 많지만 너희가 감당할 수 없음을 인하여 다 이르지 못한다고 말씀을 하신다.
▶ 하나님의 아들도 그와 같을진대 우리는 어떠해야 하겠는가? 하나님도 마13장에서 천국에 대해서 무려 7번이나 설명을 하신다. 하나님의 나라는 하나님이 더욱 잘 아실 터인데도 무려 7번이나 비유를 들어서 설명을 하는데 어떻게 우리 같은 인생이 한 마디로 모든 것을 다 설명을 할 수가 있겠는가? 것 줄에 배부르지 않는다는 욕심이 있는 것과 같이 인내하고 말씀 안에서 깨닫노록 노력을 하라. 요2:19-22 에서도 예수님께 제자들에게 모든 것을 설명을 해도 그 말의 의미를 깨닫지를 못하는 것이다. 알려주어도 깨닫지 못한다면 부슨 의미가 있겠는가?
▶ 끝말수록 돌아가려는 말이 있도 지금 생각이 정리가 안된 상태에서 그 이상의 것을 들게 하면 더욱 혼란이 온다. 소화 안된 상태에서 양식을 먹는 것은 배가 못 것 것 앞으로 내용이 중요한 것이니 만큼 순리대로 처음에 배웠던 것부터 하나하나 정리하면서 이해하는 것이 순서이다.
▶ 덧셈, 뺄셈을 배워야 할 단계에 있는 학생에게 방정식을 가르쳐주는 선생님은 없을 것이다. 하나님의 말씀은 안시 때 운다고 해서 이해할 수 있는 것이 아니고 오래수록 하게 된 소견이 더 높다. 그러나 차근차근 때의 의미가는 과정에서 성경에 맞는 이치자를 분별하면서 들으시면 될 것이다.
▶ 때에 맞은 하나님의 섭리를 통하여 사대분별 및 어린아이와 장성한자가 젖과 밥을 먹는 이치 설명.

15) 신학원은 지식만 강조하고 지식 없으면 천국 못 간다고 하는데 그럼 우리 교회에 (60, 70세 드신 집사 님들은 읽을 줄도 모르고 지식도 없고 오로지 믿음으로만 믿고 신앙하고 있는데 그렇다면 그분들은 다 지옥으로 가는가?
▶ 우리는 성경에서 하나님이 우리에게 무엇을 바라고 있는지 시대를 구분할 줄 알아야 한다. 믿음도 때를 따른 믿음이 있고, 믿음이 역시 마찬가지이다. 요14:29 일이 이루지기 전에 미리 말씀 것은 이를 때에 믿으시 있음을 알리기 위함이다. 그렇다면 일이 이루기 전에 살던 선앙인들에게 요구된 믿음도 있고, 이루어지는 시대에 요구되는 믿음도 있음을 알게 된다. 이를 사도 바울은 계시된 믿음의 때가 온다고 했으니 히11장에서 말하는 믿음의 바라는 것들의 실상이요, 보지 못하는 것들의 증거라는 그리스 믿음이 있는 것이 아니라 온전한 믿음이 있다는 것도 알아야 한다.
▶ 지식을 강조하는 것은 온전한 믿음을 심어주기 위한 목적이다. 잘못된 지식으로 인한 믿음이 있기에 혐오스러운 것이고 잘못된 지식으로 천국 간다는 것이자 하나님은 공의공도로 하나님이시며 공평하심을 믿는다. 읽을 줄도 모르고 지식 없이도 믿고 깨닫는다면 믿음은 생기기 마련이다. 오직 만음으로 천국 간다고 말하고 있지 않는가? (전선성구 롬 10:17)
▶ 지식만 강조하지 않는다. 그럼 우리가 택함과 믿음이 부족해서 이 자리까지 찾아다니며 공부 하나? 행실과 믿음은 다 있기에 이곳에 저녁을 더하고 정성한 신앙인으로 이끌고자 하는 것이다. 집사가 되어 가지고 권신도와 백관과, 구역장 장로가 되어도 실력이 없으면 하나님의 백성인 신앙인을 어떻게 인도하겠는가? "히3:12 - 떡가 오래 되었어도 것이 나 먹고..." 라는 말씀이 있습니다. 이는 육체으로 볼 때에 할아버지(수염)이 하얀가 유유행을 물고 다니며 젖을 먹는 다면 사람들이 볼 때 어떻겠는가? 우습지 않겠는가? 하나님 보실 때 영적으로 이런 이치의 신앙인이 있다 하

신천지 이단옆차기

신천지의 최신 포교 트렌드는?

신천지의 최신 포교 트렌드는 설문조사와 문화행사, 봉사활동, 소울 트레이닝, 멘토링, 연기자 캐스팅에 있다. 반사회적 시한부종말론집단인 신천지가 포교 활동이 점차 어려워지자 접촉점을 맺고 정보를 빼내기 위해 선택한 '무기'는 상담과 설문, 봉사, 지역축제다.

신천지는 특유의 거짓말 교리에 따라 전도대상자의 개인정보를 확보하기 위해 아무런 죄의식 없이 타 기관을 사칭해 설문조사를 진행한다. 한국기독교이단상담소협회의 자료에 따르면, 신천지는 서울시와 연세대, CBS 등 행정관청과 대학, 언론사 등의 명칭과 로고를 무단으로 사용하는 것으로 밝혀졌다.

실제로 신천지의 '심리검사의 타당도에 관한 설문지' '도형 분석을 통한 적성 성격 심리분석 및 상담' '20대의 나' '도형 심리상담' '선교활동을 위한 스피치 평가서' 등에는 서울시 창업지원센터 이화여대 중앙대 한국리더십센터 한국에니어그램협회 CBS 세계선교공동체 등의 로고가 선명하게 찍혀있다.

충격적인 사실은 신천지가 대학연구진을 사칭해 포섭대상자에게 위장 상담프로그램을 위한 가짜 서약서까지 쓰게 한다는 것이다. 연세대 로고가 찍힌 서약서에는 '본교는 독일 튀빙겐대와 체결한 TBYS-NC-13 프로그램의 시범운영 기간을 7개월간 갖는다. 참가자는 모든 과정을 절대로 외부에 누설하지 않으며 피해 발생 시 모든 책임과 법적 조치를 감수한다'고 명시했다.

이곳에 명시된 7개월간의 프로그램은 신천지 교육을 뜻하며 외부누설 금지조항은 성경공부를 비밀로 하기 위해서다. 신천지는 또 실제로 있는 단체와 명칭이 유사한 한국에니어그램 상담연구소나 도형상담연구소 등의 이름을 걸고 포교 대상자에게 접근하는 것으로 밝혀졌다.

설문지에는 이름과 나이, 거주지, 종교, 학교·직장, 혈액형, 가족사항, 연락처 등을 기재하게 되어있다. 이단이라는 부정적 이미지를 숨기고 포교에 필요한 기초자료를 습득하기 위해서라는 게 관계자들의 설명이다.

신천지에서 4년간 활동하다가 탈퇴한 김 씨(29세)는 "신천지 신도들은 영혼을 구해야 한다는 생각에 아무런 거리낌 없이 가짜 로고가 찍힌 설문지를 활용한다."면서 "일례로 신천지가 연세대 상담원으로 속일 땐 학내 연구소 근처에서 만나며 공신력을 높이기 위해 가짜 명함까지 제작할 정도로 치밀하고 대범하다."고 설명했다.

또 다른 포교 트렌드는 문화행사와 봉사활동이다. 신천지는 직접 문화

센터, 소울트레이닝센터를 운영하면서 노인정, NGO 단체, 사회복지센터, 병원 내 환우들을 위한 프로그램에 해당 자격증을 소지한 신천지 신도를 강사로 파송한다. 이들은 신천지 신분을 철저히 숨기고 지역축제나 문화센터 프로그램에 참여한 사람들의 정보를 빼내 포교에 이용한다는 게 이단 상담 전문가들의 설명이다.

신천지는 또 벽화 그림, 수지침 놓기, 꽃꽂이, 예쁜 글씨 쓰기, 상담프로그램(MBTI 에니어그램), 동화구연, 레크리에이션 행사 등 지역 문화행사에 봉사자(도우미)를 투입하고 거기에 참석한 일반 봉사자들과 친교를 맺는다. 이들은 3~6개월간 친분을 형성하고 봉사단체 밖에서 만나 복음방 교육으로 끌어들인다.

특히 신천지는 개강을 전후해 대학가 주변에서 설문조사, 도형 상담, 심리치료, 미술치료, 자기계발·연애특강 등을 왕성하게 진행한다. 대학축제나 지역 문화축제 등에도 봉사자로 참여해 친분을 쌓고 신천지로 끌어들이기도 한다. 신천지가 이처럼 문화 활동과 봉사를 앞세우는 것은 포교를 위한 개인정보 수집은 물론 세력 규합, 이미지 개선이라는 세 마리 토끼를 한 번에 잡을 수 있기 때문이다.

고광종 한국기독교이단상담소협회 인천상담소장은 "신천지는 코로나19 사태 전까지만 해도 위장 봉사단체를 활용하거나 각 지역에서 신천지 자원봉사단의 이름으로 벽화 그리기 등 활동을 했다."고 말했다. 이어 "지역별로 인터넷 시민기자 이름을 달고 신천지 홍보기사를 쓰는 등 대담한 여론몰이까지 하고 있다. 신천지가 이렇게 외부 설문조사, 문화행사, 봉사활동을 하면서 세력을 과시했던 것은 내부 결속 및 이미지 개선을 위

신천지 센터(신학원) 내부 전경.
신천지는 전국 각지에서 이런 형태의 교육 장소를 운영하고 있다.

한 것이었다."고 설명했다.

고광종 소장은 "신천지 신도가 직접 카페를 운영하면서 사람들을 포섭하는 사례도 있었다."면서 "이단에 빠지지 않기 위해서는 성경을 배워야 한다며 신천지로 끌어들이는 사례까지 발생하고 있는 만큼 교회 밖 성경공부는 무조건 의심해야 한다."고 충고했다.

신천지가 포교 때 사용하는 설문지

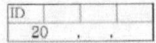

심리검사의 타당도에 관한 질문지

안녕하십니까?
저희는 이화여자대학교 일반대학원에서 심리학을 전공하고 있으며 심리검사의 타당도와 관련된 석사학위 논문을 준비하고 있습니다. 본 연구를 위해 귀하의 도움이 절대적으로 필요합니다. 귀하께서 응답하신 내용은 오직 학문적 연구를 위하여 사용할 것입니다.
다음의 질문들은 옳고 그른 답이 없습니다. 번거로우시더라도 설문 내용을 잘 읽으신 후, 한 문장도 빠짐없이 솔직하게 응답하여 주시면 대단히 감사하겠습니다.
본 질문지에 소요되는 시간은 15분 정도입니다. 본 설문에 응해 주셔서 진심으로 감사의 말씀을 드립니다.

다음은 자료 분석 및 통계를 위한 세부사항입니다.
이름: ___ 나이: ___ 성별: ___
혈액형: ___ 거주지: ___
학교(학과)/직장: ___ 가족사항: ___
연락처: ___

• 도형심리상담 GraphicTherapy

도형심리 상담은 '도형심리분석이론' 과 '기질론'을 바탕으로 하여 네 가지도형을 기본으로 한 테스트를 통해 적성과 성격 그리고 심리상태 등을 파악하여 정밀한 상담을 하는 상담법입니다

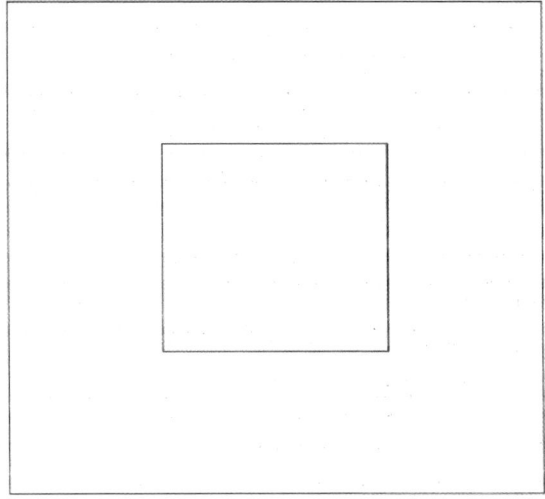

• 자료 분석 및 통계를 위하여 필요한 세부사항입니다.

좋아하는 원소(순서대로) : 물 불 바람 흙	이름
종교 : 불교 기독교 천주교 이슬람교 무교 기타	나이
혈액형 : A, B, O, AB	연락처
성별 : 남 . 여	주소

:::KCPC

"제발 제삼자 입장에서…"
신천지 댓글 부대 지령의 의미는

"댓글을 올릴 때는 제삼자의 입장으로 달아주세요."
"종교색 배제 댓글(제삼자 입장의 댓글)을 달아주세요."

신천지 댓글 부대는 온라인에서 철저하게 종교색이 없는 제삼자의 입장에서 댓글을 달고 있었다. 신천지 댓글 부대 리더는 사회관계망서비스(SNS)에 "신천지 '이만희 귓속말 여성이 2인자? 그 말에 우리도 웃었다"는 중앙일보 기사에 댓글을 달고 '좋아요'를 누를 것을 지시했다. 이 기사는 이만희 교주를 둘러싼 의혹에 대한 신천지 측 입장을 듣는 기사였다.

그리고 댓글을 올릴 때 제삼자의 입장에서 달라고 신신당부를 해놨다. 실제로 지령에 따라 이 기사에는 자신이 일반인인 것처럼 위장하면서 논점을 흐리는 댓글이 무더기로 달려 있다.

대표적인 예가 "가짜뉴스로 편가르기 하고 마녀사냥 할 때가 아니라 힘을 합쳐 국가적 재난을 이겨야 한다." 등 신천지 문제가 아니라 코로나19 해결에 에너지를 쏟자는 내용의 댓글이다.

또한 "누가 2인자인지, 무슨 시계인지 안 궁금하다. 제발 이런 기사로 논점을 흐리지 말아달라." "국민을 위한 뉴스보다 신천지 관련 뉴스가 더 주를 이루니 보기 불편하다." 등 언론을 탓하는 댓글이다.

주기수 한국기독교이단상담소협회 경인상담소장은 "신천지는 정보통신부 주도로 댓글 부대를 운영하고 있으며, 자신들에 우호적 여론을 형성하기 위해 신천지와 상관없는 누리꾼인 것처럼 위장해서 댓글을 달고 있다."면서 "오프라인뿐만 아니라 온라인에서도 마치 제삼자인 것처럼 가면을 쓰고 살아가는 불쌍한 사람들"이라고 설명했다.

이어 "신천지 댓글 부대는 네이버, 다음, 페이스북 등에서 매주 '좋아요'를 누른 총 숫자, 댓글을 쓴 총 숫자, 기사를 공유한 총 숫자 등을 꼼꼼히 정리해서 상부에 보고해야 한다."면서 "지금도 신천지 신도들은 인터넷 전쟁에서 승리해서 14만4천 명을 이루겠다는 헛된 망상에 빠져 있다."고 비판했다.

이단 전문가들은 신천지 댓글 부대가 종교가 없는 일반인인 것처럼 가장해서 한국교회를 공격하는 댓글을 무더기로 달았을 것으로 추정하고 있다.

진용식 한국기독교이단상담소협회장은 "2007년부터 온라인상에서 한국교회에 대한 악성 댓글이 넘쳐나기 시작했는데, 제삼자인 것처럼 활동했던 신천지 댓글 부대가 대다수였을 것"이라고 전망했다.

신천지 이단옆차기

신천지,
개 교회 넘어
지역교회 전체 노린다

신천지는 성도 개인이나 특정 교회가 아니라 지역 교계를 통째로 포섭하기 위해 방대한 분량의 가이드북까지 만들어놓고 활용하고 있다. '신천지 맛디아지파 공주교회 국내선교부' 명의로 제작된 45페이지 분량의 '공주지역 추수밭 전도 가이드북'만 봐도 그들의 전략이 얼마나 세밀한지 알 수 있다.

가이드북은 크게 6개 부분이다. 공주지역 교회 개요, 추수꾼을 교회에 잠입시켜 성도를 빼 오는 '고정 추수' 전략, 교회 밖에서 친분 관계를 맺고 성도를 빼내는 '유동 추수' 전략, 정통교회로 위장한 '선교교회' 전략, 지원부대 개념인 선교부 활동, 21개 주요 교회의 지도 및 200여 교회의 주소록 등이다. 특히 '유동 추수' 전략은 충격적이다.

신천지는 꿈의교회, 중앙장로교회, 신관감리교회, 초대감리교회, 강북제일침례교회 등 공주지역 주요 교회 청년들의 '추수(정통교회 성도들을 미혹하는 행위)'를 위해 교회의 외부 전경과 성도들의 승차지점을 담은 사진에 승차 시간, 예상 동선까지 기재했다.

신천지는 나아가 교회 내부 구조도에 발각되지 않고 '추수'에 유리한 좌석까지 분석했다. 이 그림에는 핵심 성도가 앉는 자리를 '골수'로 표시하고, '교회 관계자의 자리 인도는 무시하라'고 설명했으며, CCTV 촬영과 전도사, 사모, 안내 봉사 요원 등의 접근을 피할 수 있는 곳을 '추천'으로 표시했다.

장년들을 추수하기 위한 전략도 정교했다. 신천지는 새벽기도회에 참석한 성도에게 휴대전화를 빌리거나 길을 물으면서 접근하는 상황별 모범 멘트를 수록하고 12개 교회의 새벽기도회 장소, 설교 시작 시간, 참여 인원, 참석자 연령대, 특이사항 등을 모두 써놓았다.

가이드북은 또 추수꾼들에게 정통교회에 잠입할 때 '교회의 내부정보를 파악하라'고 지시하면서 필수 항목에 '목회자의 비리'를 포함했다.

황의종 한국기독교이단상담소협회 영남상담소장은 "신천지가 다른 지역도 이런 가이드북을 만들어 추수꾼을 투입하기 때문에 교회 밖 성경공부는 무조건 금지하고 국민일보가 제작한 예방 포스터와 '신천지 접근 및 복음방 체크리스트'를 적극 활용해야 한다."고 조언했다.

한편 신천지 맛디아지파 공주교회 관계자는 가이드북 활용 여부를 묻는 질문에 "바빠서 전화를 받을 수 없다."며 일방적으로 전화를 끊어버렸다.

신천지 추수밭 전도가이드

공주지역
추수밭 전도 가이드북

신천지 예수교 증거장막성전
맛디아지파 공주교회 국내선교부

1. 개 요

본 가이드북은 공주교회 성도님들이 추수밭 전도를 함에 있어서, 막막하게 느끼는 점을 해소해 드리고 구체적인 방법과 노하우를 제시하여 원활히 추수밭 전도 활동에 참여할 수 있도록 도움을 주기 위하여 제작하였습니다.

1. 「공주지역 추수밭 전도 가이드북」 보는 법

① 목차1의 개요에는 본 가이드북 보는 법, 공주지역 추수밭 개요, 추수밭 전도 조직구성 등에 대하여 기재하였습니다. (단, 보안 문제와 관련하여 조직구성 부문은 대강의 내용만을 기록하였습니다.)

② 추수밭 전도방법 중에 가장 대표적인 것이 바로 고정추수 전도방법과 유동추수 전도방법입니다. 이에 맞게 공주지역 추수밭 전도를 함에 있어서 국내선교부가 교회 각 부서와 연계하여 운용하고 있는 고정추수팀과 유동추수팀이 있는데, 목차2에는 고정추수에 관한 내용을, 목차3에는 유동추수에 관한 내용을 배치하여 각각의 전도방법 및 운용현황과 함께 성도님들이 참여할 수 있는 방법에 대하여 기재하였습니다.

③ 공주지역의 추수밭 전도를 담당하는 공주교회 국내선교부는 크게 선교교회를 운영하고 부서 선교부의 추수밭 활동을 관할하고 있는데, 목차4에는 선교교회를, 목차5에는 부서 선교부를 배치하여 각각의 운용 목적 및 현황과 함께 성도님들이 활용할 수 있는 방법에 대하여 기재하였습니다.

④ 목차6에는 공주지역 추수밭 활동에 필요한 자료를 첨부하였습니다.

⑤ 활동하고자 하는 추수밭 전도 분야의 해당 내용을 참고하여 전도 방법 및 노하우를 숙지하고, 본 가이드북에 안내되어 있는 활용 및 참여방법에 따라 활동하시면 됩니다.

⑥ 본 가이드북은 성도님들의 이해를 최대한 돕고자 표와 그림 및 사진을 이중으로 활용하였습니다.

[본 가이드북 구성표]

목차		내용 및 구성
1	개 요	본 가이드북 보는 법, 공주지역 추수밭 개요, 추수밭 전도 조직구성 등
2	고 정 추 수	고정추수 전도방법과 고정추수팀의 운용현황 및 성도님들의 참여방법 고정추수 기본시스템 / 고정추수 현실적용시스템
3	유 동 추 수	유동추수 전도방법과 유동추수팀의 운용현황 및 성도님들의 참여방법 청년 유동추수 - 전도방법 / 찾기에서의 대화법 / 각 교회별 섭외 노하우 장년부녀 유동추수 - 전도방법 / 찾기에서의 대화법 / 각 교회별 섭외 정보
4	선 교 교 회	선교교회 운용현황과 성도님들의 활용방법
5	부서 선교부	부서 선교부의 추수밭 관련 운용현황과 성도님들의 활용방법
6	부 록	공주지역 추수밭 활동에 필요한 자료 공주도심지역 주요교회 / 공주지역 전체교회

2. 공주지역 추수밭 개요

① 공주에는 1000명 이상 되는 교회가 약 2개소, 100명 이상 되는 교회가 약 20개소가 있고, 이 외에 소규모 교회가 다수 분포되어 있습니다.

② 공주지역의 교회는 외지인들에게 다소 배타적이고 무관심한 성향을 가지고 있습니다. 그리하여 규모가 일정수준 이상 되는 교회에서는 새 신자가 적극적으로 나서지 않거나, 기존 교인을 통해 들어가지 않는 이상은 교회에 적응하기가 다소 어렵습니다.

③ 공주지역의 교회는 교단별, 지역별, 비슷한 규모별로 공통된 특징을 띄는 것이 아니라, 각각의 교회마다 남다른 특징을 띄는 경향이 있습니다. 그리하여 교회마다 접근할 때에는 개별 교회의 성향에 대해 각각의 정보와 노하우를 가지고 접근해야 하는 어려움이 있습니다.

④ 공주에는 공주대, 공주교대, 공주영상대 등 크게 세 개의 대학이 있습니다. 대학 캠퍼스는 주변에 영향력이 큰 시설로, 역시 그 주변 교회에도 적지 않은 영향을 미치고 있습니다.
먼저 가장 큰 규모의 공주대 주변에는, 계속해서 발전되고 있는 신관동 지역 특성과 맞물려 여럿의 중대형 교회가 성장하고, 시내권 보다는 다소 젊은 분위기의 교회가 다수 분포하고 있습니다. 한편 이단경계심이 높고, 교회에 정착하지 않는 유동인구가 많은 것이 특징입니다.
공주교대 주변에는 딱히 큰 규모의 교회가 없는 상황인데, 이단경계심이 상당히 높아서 학생들은 일반적으로 교대 주변의 거의 모든 교회가 이단교회라고 생각하고 있습니다. 그리하여 대다수의 학생들은 선배의 권유에 의해 버스를 타고 원거리에 있는 꿈의 교회에 주로 출석하고 있습니다.
공주영상대는 캠퍼스 주변의 환경이 다소 열악한데, 이것은 그 주변 교회도 마찬가지입니다. 캠퍼스 주변에는 소규모의 교회가 단 한 곳만이 있을 뿐이고, 교회 관리가 잘 되고 있지 않은 상황이라 학생들이 찾지 않는 경향이 있습니다. 학생들은 주로 꿈의 교회나 중앙장로교회 등의 대형교회에 버스를 이용하여 출석하고 있습니다. 하지만 문화적으로나 신앙적으로나 원거리에 있다는 어려움이 있어서 게을러지는 학생들이 많으며, 갈급하고 순수한 영혼들이 꽤 있지만 그들의 신앙적인 욕구를 채워줄만한 교회나 시스템이 없는 상황입니다.
공주지역의 대학생들 중 몇몇 학생들은 교회보다는 주로 동아리를 통하여 신앙생활을 하는 경향이 있습니다. 대학 캠퍼스 주변의 교회들이 외지인에 대하여 다소 배타적이거나 무관심한 성향을 띄는 것과 더불어, 이단경계심도 높고 새 신자 관리에도 소홀한 면이 많아 대학생들이 교회에 정착하지 못하고 학교 동아리를 통하여 적극적인 신앙생활을 하는 경우가 많습니다.

3. 추수밭 전도 조직구성

공주지역의 추수밭 전도를 담당하는 공주교회 국내선교부는 선교교회를 운영하고 있으며, 부서 선교부의 추수밭 활동을 관할하고, 교회 각 부서와 연계하여 성도님들이 실제 추수밭 전도 활동에 참여할 수 있게끔 고정추수팀과 유동추수팀을 운영하고 있습니다.
각 조직과 활동내용에 대해서는 다음 장부터 자세히 설명하겠으며, 보안 문제와 관련하여 조직 구성 부분은 대강의 내용만을 기록하였습니다.

추수는 잠시 잠깐 만에 이루어지는 것이다.

2. 고정추수

고정추수 전도방법이란, 특정 추수밭을 정하여 들어가 추수밭 교인들과 친분을 형성하고 알곡 신앙인을 선별하여 추수하는 전도방법입니다. 단기간에도 가능하지만, 보통은 중장기적인 활동을 통하여 결실을 맺는 가장 고전적이고 대표적인 추수밭 전도 방법입니다.

우리 공주교회에서는, 종전에 선교부만 고정추수 활동을 하던 것에서 벗어나, 공주 도심지역의 주요 추수밭을 교회 각 지역에 배분하여 고정추수 활동을 하고 있습니다. 종종 추수밭 활동을 막막해하며 활동을 꺼리는 경우도 발생하는데, 본 가이드북을 참고하고 국내선교부에 문의하여 도움을 받아 활동하면 분명 좋은 결과가 기대되는 전도방법입니다.

2-1. 고정추수 기본시스템

" 들어가기 → 정탐하기 → 활동하기 → 정복하기 → 추수하기 "

1. 들어가기 (2주)

① 들어가기
　들어갈 때는 자연스럽게 들어가되 아는 사람을 통해 전도당해 들어가는 것이 가장 좋고, 가능하면 들어갈 추수밭의 영향력 있는 사람을 통해 들어가야 좋습니다. 교회에 총력전도주간이나 친구초청잔치 등의 전도행사가 있을 때 들어가면 좋습니다.

② 면담하기
　정확한 자기소개로 초반 입지를 굳혀야 합니다. 예를 들면 아래와 같습니다.
"저희 교회는 어떻게 오셨나요?" → "네, 여기 계신 홍길동 장로님 소개로 왔어요."
"신앙경험은 있나요?" → "네, 전에 서울 (유명한) ○○교회에서 신앙 했습니다."
"어떤 사역을 했나요?" → "네, 목회선교에 비전이 있어서 신학공부를 하고 있어요."

③ 초반 입지 확립
　해당교회에서 사용하는 교육시스템을 미리 파악하여 그 시스템을 전에 다니던 교회에서 해봤기 때문에 내용을 잘 알고 있는 것처럼 가장하여 초반 입지를 선점합니다. 예를 들어 해당 추수밭이 D-12시스템으로 교육한다면 예전 서울 살 때 사랑의 교회에서 그 시스템을 돌려봤다라고 한다든지 G-12시스템, 야구장시스템, 목장시스템, Matrix시스템 등 양육시스템에 대한 사전 정보를 파악한 후 들어가야 합니다.
　또한 교계에서 유명한 목사와 교회, 그리고 찬양사역자들에 대한 정보는 기본적으로 알고 들어가야 합니다.
　추수밭에 들어갈 때에는 기성교회에 오래 다니던 신실한 성도로 컨셉을 잡아야지, 신앙 쉬다가 회복하려고 들어간다는 식은 절대 안 됩니다. 신앙 유약자는 입지 선점이 절대 안되기 때문에 시간도 오래 걸리고 잘 되지도 않습니다. 반면 사역경험자는 초반 입지 선점이 확실해서 이후 활동이 수월하고 일사천리로 일이 진행이 됩니다.
　그 외에 간증, 성장경험, 찬양단 활동 및 선교경험 등을 철저히 준비해서 말해야 합니다.

④ 가장하기
　　목사의 성향이 방언이나 은사, 성령 충만을 강조하는 타입이면 그 목사의 눈에 들도록 거짓으로라도 방언을 터뜨려주어야 합니다. 목사 성향은 '사랑 은혜 봉사 강조형', '기도 은사 체험 강조형', '순종 말씀 양육 강조형'으로 나눌 수 있는데 목사가 말씀 중심인 추수밭에서 우리의 전도가 잘되는 경향이 있습니다.
　　양육형태 또한 '목자가 직접 만들어 양육하는 형태', '양육교재를 선택하여 교육하는 형태', '시스템 안에서 단계적으로 잡아가는 형태'로 나눌 수 있는데 우리가 그것을 미리 경험 했던 것이라는 것을 강조할 수 있는 것이어야 좋습니다.
　　또한 기본적으로 바벨언어를 사용해야 하며, 보안에 특히 신경 써서 문건 관리 및 성전 출입 시도에 주의해야 합니다.
　　최근에는 신천지 경계령으로 처음부터 튀거나 열심 내는 사람에 대한 경계도 있으므로, 전체적인 경계정도를 잘 파악하면서 활동해야 합니다.

2. 정탐하기 (1개월)

① 전체를 볼 수 있는 눈
　　추수밭을 정탐할 때는 독수리와 같이 추수밭 전체를 볼 수 있는 눈이 필요합니다. 개인적인 욕심과 급한 마음으로 몇몇 알곡 신앙인만 봐서는 한두명만 빼온 뒤에 본인도 출회 당하고 밭도 버리게 됩니다.

② 내부의 적 만들기
　　추수밭에 대한 모든 정보를 제공하는 자를 만나야 합니다. 그 사람은 섭외 대상자가 될 수도 있고, 추수밭에 대한 정보를 아는 자, 사역자에게 신임을 받는 자 등, 수다꾼이면 좋습니다.

③ 추수밭 기본정보 파악
　　주보를 통하여 교회흐름을 파악하고, 요람 및 교인명단을 확보해야 합니다. 교회 스케줄 또한 파악하고 있어야 합니다.

④ 추수밭 기본시스템 파악
　　사역조직도와 함께 양육시스템 및 양육교재를 파악해야 합니다.

⑤ 추수밭 내부정보 파악
　　교회역사, 목회자 비리, 교회 특징 등을 파악합니다.

⑥ 위험요소 파악
　　친목자파, 복음방 및 센터탈락자 그리고 의심 및 두려움이 많은 자, 경계심이 높은 자 등을 파악해야 합니다.

⑦ 이단경계 파악
　　신천지와 관련된 경계가 주보 광고에 게재 되는지, 이단교육을 따로 실시하는지, 설교 중에 언급하는지를 파악해야 합니다.

⑧ 초기 활동자 파악
　　해당 추수밭의 우리 식구를 미리 파악해야 합니다. 출회 당한 성도가 있는지, 혹은 입교자가 있는지를 파악해야 합니다.

3. 활동하기 (3개월)

① 알곡 선별
이성교제에 깊이 걸려있는 사람, 목사와 지나치게 친밀한 사람, 성경에 전혀 관심 없는 사람, 이단경계심이 너무 높은 사람, 자기 신앙에 취해 있는 사람, 교회에 많이 투자한 사람은 대상에서 제외하는 것이 좋습니다.

② 목자 되기
초반 입지선점 한 것을 바탕으로 꾸준히 활동을 하다가 교회의 각 요소에서 목자가 되기 위해 노력해야 합니다.

4. 정복하기 (2개월)

① 정복의 마인드
반드시 이 추수밭을 정복하겠다는 마인드가 필요합니다. 저들은 우리의 밥입니다. 그러기 위해 추수꾼들은 정신무장, 말씀체계, 보안의식이 기본적으로 확보되어 있어야 합니다. 또한 들어간 추수밭의 상황에 따라 완급을 조절하며 차근차근 정복해 나가야 합니다.

② 목표
추수밭 내 각 조직과 시스템에 접근해 들어가 포위망을 형성해야 합니다.

③ 새신자 사역 정복
추가로 투입되는 우리 식구들에 대한 경계심을 차단하고, 상태가 좋은 새 신자들을 처음부터 확보할 수 있다는 면에서 꼭 정복해야 하는 부분입니다.

④ 리더 사역 정복
셀장, 회장, 총무, 서기 등의 임원직을 정복해야 합니다. 직책을 맡음으로 기대되는 경계심 완화 효과도 있고, 추수밭 내의 영향력이 커짐으로 말미암아 이후 활동에 긍정적인 영향을 미치게 됩니다.

⑤ 양육 사역 정복
일정 규모 이상의 교회는 모두 각자의 양육 프로그램을 마련하게 되는데 새신자반, 큐티반, 양육반, 제자훈련반 등의 양육 프로그램에 교인들이 참여하게 됩니다. 이 자리에서 신앙우위 선점 및 대상자의 신앙상태 파악이 이뤄지며, 또한 이 프로그램을 주도하게 될 경우 손쉽게 복음방으로 인도할 수 있으므로 꼭 정복해야 하는 부분입니다.

⑥ 문화 사역 정복
교회가 커나가기 위해서는 무조건 양육과 전도만은 아니라고 합니다. 교회를 지역사회에 개방하여 문화공간을 창출하고 지역사회의 시민들이 교회에서 마련한 문화활동에 참여하게 될 때에 비로소 대형 교회로 성장할 수 있다는 것은 이제 통념이 되었습니다. 문화환경 도우미, 찬양단 활동, 문화소모임 등에 재능 있는 우리 식구들을 적절하게 추수꾼으로 투입하여 추수밭에서 일정 위치를 점하고 지속적으로 사람들을 만날 수 있는 자리를 확보해야 합니다.

5. 추수하기

① 교사선정
   알곡의 성향에 맞는 교사를 선정합니다.

② 매칭모략
   경계심에 따라 다양한 매칭모략을 강구해 추진합니다.

③ 교사매칭

④ 복음방 및 센터 인도
   복음방 및 센터는 장소와 여건을 잘 살펴야 합니다. 추수밭과 될 수 있으면 멀리 떨어진 곳으로 인도해야 합니다.

[고정추수 기본시스템 개념도]

진리가 반드시 이긴다. 그러니 담대 하라!

2-2. 고정추수 현실적용시스템

1. 고정추수 현실적용시스템이란?

① 현재 우리 공주교회의 현실이 그러한데, 아직 체계적인 고정추수 시스템과 인원이 미비 되어 고정추수 활동을 한다고는 하지만 체계를 잡지 못하고 활동을 하다 보니 실질적인 성과가 나오지 않는 경우가 많습니다. 그래서 고정추수 전도방법은 안되는 전도방법이라 생각 할 수도 있지만, 고정추수 전도방법은 시스템과 체계를 잘 갖추어 계획적인 활동을 할 경우 한 추수밭에서 지속적으로 추수가 가능하고, 심지어는 산 옮기기도 가능한 형태의 전도 방법입니다.

② 추수밭 전도 시스템이 아직 미진하기 때문에 무엇보다 다른 전도 방법과의 연계가 필요합니다. 어쨌든 추수밭에는 모두 신앙인만 모여 있기 때문에 추수밭 내에서 알곡으로 대상자를 선별하고, 대상자에게 접근을 할 때에는 추수밭 뿐만이 아니라 문화·봉사활동 및 상가·가정방문 등 다른 전도 방법과 연계하여 섭외를 하게 됩니다.

③ 시스템이 미비 된 경우에도, 이미 언급한 원칙적인 고정추수 전도방법을 숙지하고 그대로 진행하려고 노력해야 합니다. 그러는 와중에 시스템이 마련되고 노하우가 축적되어 지속이고 실질적인 성과가 나올 것입니다. 또한 고정추수꾼이 활동을 하는데 있어서도 실수하거나 실패할 확률이 줄어들 것입니다. 특히 공주의 좁고 배타적인 지역 특성을 고려한다면 이후에 시간이 지나면서 빛을 발휘할 전도방법은 고정추수 전도방법이 될 것입니다.

④ 시스템이 미비된 경우에도, 최소한의 추수꾼들이 지속적으로 추수밭 내에서 정보를 확실하게 캐낼 수 있어야 하며, 요람 등의 정보원천도 확보할 수 있어야 합니다. 또한 가능하면 추수밭 내에서 대상자 관리도 가능해야 합니다.

2. 현재 활용 가능한 전도방법

① 유동추수에서 전환된 전도방법
　유동추수 전도를 하다보면 인도자 및 관리자가 교회에 지속적으로 다니면서 관리해야 대상자가 종종 발생하는데 이런 경우는 자연스레 고정추수 전도방법으로 전환하여 진행이 됩니다.

② 요람 등을 통하여 파악한 상가 및 가정 방문을 통한 전도방법
　상가 정보를 파악한 뒤 단골로서 자주 방문하고, 또한 같은 아파트에 사는 가정에는 이웃사촌으로서 자주 안면을 트고, 동시에 추수밭에서도 만남을 가질 수 있도록 합니다. 같은 교회 다니는 사람이라는 동질감이 형성되면 상가 및 가정을 방문할 때에 있어서도 경계심이 낮아져, 섭외하는데 큰 도움을 줍니다.

③ 문화·봉사 활동 참여를 통한 전도방법
　추수밭 내에서 진행되는 문화·봉사활동이라든가, 지역사회에서 진행되는 문화·봉사활동에 참여하며, 동시에 추수밭 내에서 지속적으로 만남을 갖게 되면 섭외하는데 도움이 됩니다.

[고정추수 현실적용시스템 개념도]

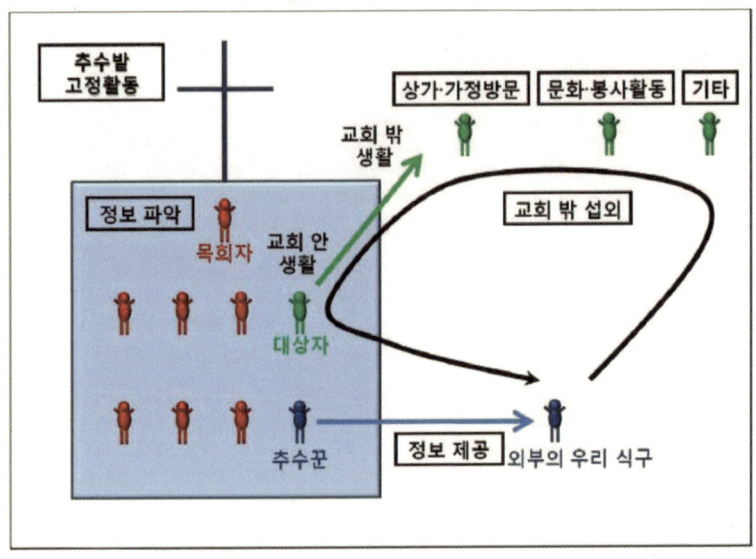

하나님의 큰 일을 해나가려면
용기와 믿음과 실력이 있어야 한다.

이러한 것이 없이
희미한 사람이 되어서는 안된다.

우리는 생기인 하나님의 말씀까지
받았음을 알아야 한다.

3. 유동추수

유동추수 전도방법이란, 종전에 준추수꾼으로 불리던 것으로써, 특정 추수밭을 정하지 않고 이리저리 옮겨 다니면서 알곡 신앙인을 추수하는 전도방법입니다. 단기간에 알곡 신앙인을 섭외하는 것이 목적이며, 추수밭에 가서 찾기 활동을 하고 합당한 자를 섭외하게 됩니다.

우리 공주교회에서는, 추수밭 주일예배에 참석하여 섭외하는 주일 유동추수 방법과 새벽기도회에 참석하여 섭외하는 평일 유동추수 방법으로 나누어, 신청자를 받아 활동하고 있습니다.

3-1. 청년 유동추수
- 전도방법 -

1. 청년 유동추수 전도방법이란?

공주지역 일대의 대부분의 교회를 보면, 대학생 등의 청년 유동인구가 많아 타지에서 유입된 청년 신앙인들이 많은 반면, 외지인들에게 다소 배타적이고 무관심한 성격이 있습니다. (이것은 아마도 지역특성과 맞물려 이단경계심과도 관련이 있어 보입니다.)

상황이 이렇다보니 이러한 청년들 대부분이 공주지역 내에서 고정출석교회를 정하지 않고 예배만 참석하는 수준에 머물러 있으며, 유동추수 전도 방법은 이러한 청년들을 주 대상으로 하여 섭외활동을 진행하는 전도방법입니다.

2. 섭외 대상자

교회 내에서 단으로 묶여있지 않은 신앙인들을 대상으로 하며 선데이 크리스천, 새 신자, 교회 생활 부적응자 등이 주 대상자가 되며, 신앙에 열심이 있거나 대인관계가 좋은 합당한 자는 만나기 힘들어 보이지만, 본교회가 멀리 있어 어쩔 수 없이 예배만 참석하는 경우, 교회에 실망한 경우, 공주지역 교회 분위기에 적응하지 못하는 경우 등 여러 요인으로 합당한 자가 꽤 숨어 있으므로 꾸준한 찾기 활동이 선행된다면 반드시 좋은 대상자를 만날 수 있을 것입니다.

3. 활동 가능 교회

대학생 등의 청년 유동인구가 많이 찾는 공주대 캠퍼스 주변 7개의 교회로 추려지며, 꿈의 교회, 중앙장로교회, 주하나장로교회, 신관감리교회, 초대감리교회, 중앙침례교회, 강북제일침례교회 등이 활동 가능한 교회가 됩니다.

4. 섭외 과정

① 주일 낮 예배에 참석하여 대상자를 물색하고 접근하여 '찾기에서의 대화법'을 통하여 '나'의 존재를 인식시키고 대상자의 정보를 파악합니다. (대상자의 정보 파악 시, 이름과 연락처까지 파악하면 좋지만 의심을 살 우려가 있을 때에는 안면 정도만 터도 괜찮습니다.)

② 다음 주일 예배에 참석하여 지난 주 만난 대상자를 찾아 역시 친근하게 대화를 시도합니다. 교회에서 자주 얼굴을 보게 되면 자연스레 경계심이 낮아지고 신앙적 공감대 및 인간적 친분이 형성되므로 차분히 기본 정보가 파악 될 때까지 여유 있게 만날 필요가 있습니다.

③ 고민과 관심사가 일찍 파악이 될 경우에는 그에 맞는 전략을 세워 적당한 관리자 및 교사를 매칭하고 따기를 하면 됩니다. 진척이 없을 경우에는 집안핍박 상황을 가정하여 예배 후 급히 대상자에게 부모님께서 갑자기 오셨다며 성경책을 맡기고 주중에 다시 돌려받는 시나리오를 하고, 차후 만남에서 신앙 간증을 통하여 상대방의 신앙 및 고민과 관심사를 파악합니다.

④ 간증은 '나'를 대상자에게 오픈하여 보여줌으로써 경계심을 약화시키고 상대방의 마음을 열어 주는 데에 일조하며, 대상자도 내 간증을 듣고 자신의 간증을 말하게 됨으로써 대상자의 정보 파악에 상당히 유용하게 쓰입니다. 진척이 느린 추수밭 전도의 특성상, 간증은 섭외 기간을 단축시켜 좁은 때는 물론 대상자와의 신앙 및 인간적 교감에 있어 효과가 매우 좋다는 점에서 꼭 필요한 과정이 됩니다. 주로 '신앙간증', '교사띄우기간증', '입막음간증', '말씀의중요성간증' 등으로 간추릴 수 있으며 따기 전후 과정 중에서 시간, 장소, 간증자 등을 적절히 고려하여 시행해야 합니다.

5. 교육 및 모임

① 추중에 수시로 모집하며, 주말 또는 주일 아침을 이용하여 교육 및 RP를 진행 합니다. 자신이 활동할 추수밭을 미리 선정하여 각 추수밭에 맞는 섭외 노하우를 교육 받고 이후에 RP로 체화 시킵니다.

② 주일 아침 조회를 통하여 '꼭 섭외하겠다'는 강한 의지를 가지고 활동을 시작하게 됩니다. 또한, 추수밭 활동 이후 종례를 통하여 피드백을 하고 대체예배로 활동을 마무리 하시면 됩니다.

6. 주의사항

① 유동추수의 이제까지의 사례를 살펴보면 찾기에서부터 복음방 인도까지 보통 2개월 정도의 시간이 걸리는 것을 볼 수 있습니다. 간혹 1달 내에 인도하는 경우도 있지만 길게는 4개월 넘게 섭외기간이 소요되기도 합니다. 문제는 이 과정에서 장기섭외자로 분류하여 관심을 두지 않는 경우가 발생하는데 이 과정에서 탈락되는 경우가 상당히 많습니다. 추수밭 대상자는 주일에만 신경을 써도 되기 때문에 진행이 느리다하여 뒤로 미루지 말고 꾸준하게 관리해야 열매를 맺을 수 있습니다.

② 교회 내에서 섭외를 한다는 것은 이단경계심을 크게 낮출 수 있다는 장점이 있지만, 이것만으로 복음방으로 인도하기에 역부족입니다. 무엇보다 고민과 관심사 파악을 얼마나 빨리, 정확하게 하느냐에 승패가 달려 있는데, 이를 파악한 뒤에는 주변 문화·봉사활동, 소모임, 스터디, 학연, 지연 등의 여러 다른 섭외방안들과 연계하여야 합니다. 교회에서 신앙적 공감대를 형성하고, 주중에 또 다른 활동을 통하여 인간적 친분을 쌓아간다면 더 빨리, 그리고 반드시 복음방으로 인도 할 수 있을 것입니다.

③ 실제 유동추수 섭외 과정에서 찾기를 할 수 있는 시간은 넉넉하지가 않습니다. 교회에서 예배가 끝난 직후에 우리의 대상자들은 약속이나 한 듯 우르르 교회 밖을 신속히 빠져 나갑니다. 머뭇거리고 생각할 겨를이 없습니다. 본능적으로 이 사람 저 사람 붙잡고 말을 걸어야 합니다. 잠깐

안일하게 머뭇거리는 순간 대상자들은 이미 눈앞에서 사라져 버리고 맙니다. 소중한 성전 본 예배까지 미루고 추수의 일을 하러 왔는데 이렇게 실패하게 되면 참으로 허무할 것입니다. '하고자 하는 마음'과 '반드시 하겠다는 정신'을 가지고 '번개처럼 움직이며' 섭외해야 하는 활동이 바로 유동추수 전도활동입니다.

7. 청년 유동추수 참여 방법

담당 구역장님과 상의 후, 국내선교부 서기에게 직접 신청해 주시기 바랍니다.

[청년 유동추수 개념도]

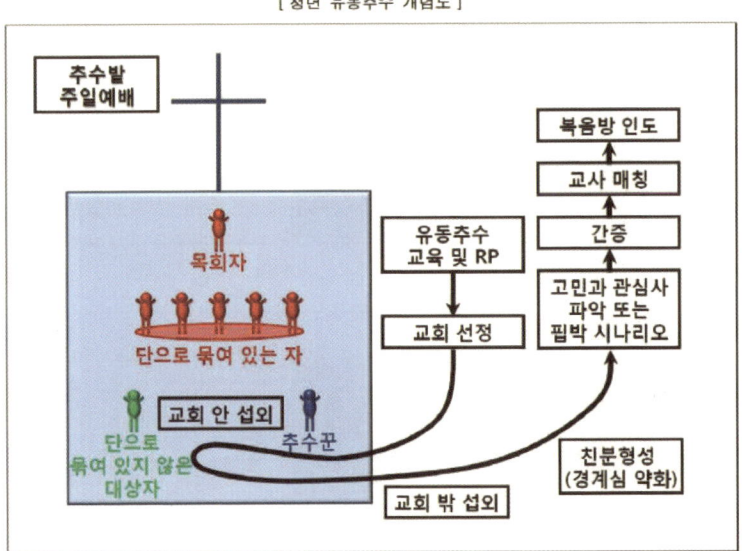

전쟁은 날이 갈수록 끊이지 않는다.

하나님 나라가 서는 것을 훼방하는 일들도 있고,

전쟁하고 방어하는 일들도 있지만

이 모든 일들이 알고 보면 성경을 이루는 것이다.

3-1. 청년 유동추수
- 각 교회별 섭외 노하우 -

1. 꿈의 교회

① 꿈의 교회 전경

- 꿈의 교회 전경 -

② 교회 갈 때 차타는 곳 1

- 공주대 인사대 후문, 오전 9시 -

우리는 전쟁 중이다. 전쟁 중에는 용사가 필요하다.

③ 교회 갈 때 차타는 곳 2

- 쌍둥이네 앞, 오전 9시 -

④ 교회 내부

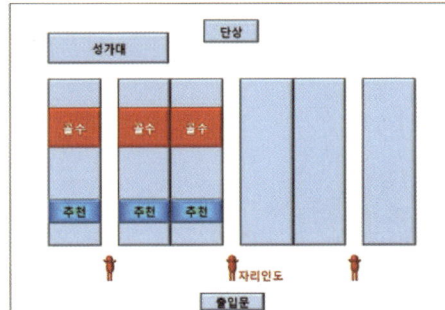

- 교회 내부 -
* 이단경계심이 특히 높고, 추수꾼 색출을 위해 cctv까지 설치해두어서 예배 중 찾기는 쉽지 않고 버스를 활용하여 섭외하는 것이 효과적이고 안전합니다.
* 교회관계자의 자리인도는 무시합니다.

⑤ 돌아 올 때 차타는 곳

- 교회 주차장 -
* 신관동으로 가는 버스에 동승하여 말을 걸면 좋고, 신관동에 도착해서도 아직 시간이 이르기 때문에 다른 추수밭에 가서 2차 섭외활동이 가능합니다.

유동추수   청년 유동추수 - 각 교회별 섭외 노하우

2. 중앙장로교회

① 중앙장로교회 전경

- 중앙장로교회 전경 -

② 교회 갈 때 차 타는 곳 1

- 공주대 후문, 오전 10시 반 -
* "여기가 중앙장로교회 버스 타는 곳 맞나요?"라고 물어보며 말을 걸면 좋습니다.

③ 교회 갈 때 차 타는 곳 2

- 베스킨라빈스 앞, 오전 10시 반 -
* 청년들이 버스를 많이 타는 곳입니다. 다만 골수들도 있으니 주의가 필요합니다.

④ 교회 2층 내부

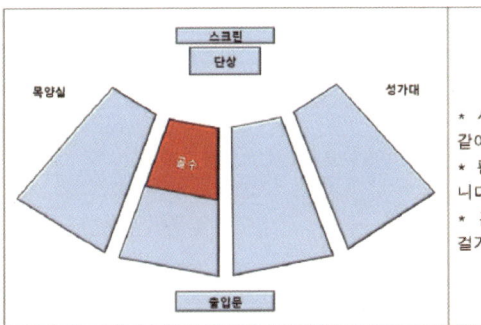

- 교회 2층 내부 -
* 시력이 안 좋다는 핑계로 성경책 같이 보기를 하면 좋습니다.
* 펜 빌리기 또한 좋은 섭외방법입니다.
* 혼자 앉아 있는 사람이 많고 말 걸기가 쉽습니다.

⑤ 교회 3층 내부

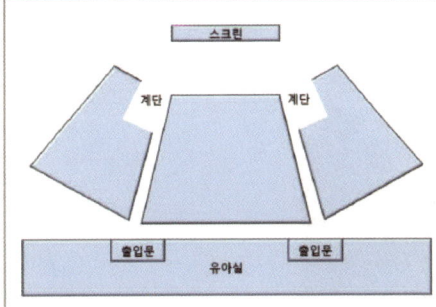

- 교회 3층 내부 -

⑥ 돌아 올 때 차타는 곳

- 교회 주차장 -
* 예배 후 골수들은 모두 점심 식사를 하고 대상자들은 바로 버스를 탑니다. 버스는 예배 직후 바로 출발합니다.
* 버스에서 대상자 옆에 앉아 이 버스는 처음 탄다는 식으로 "이 차는 예배 끝나고 정확히 몇시에 출발하는 거에요?"라고 물어보며 말을 걸면 좋습니다.
* 버스에서 내려서는 길 묻기를 하면 좋습니다.

유동추수   청년 유동추수 - 각 교회별 섭외 노하우

3. 주하나장로교회

① 교회 내부

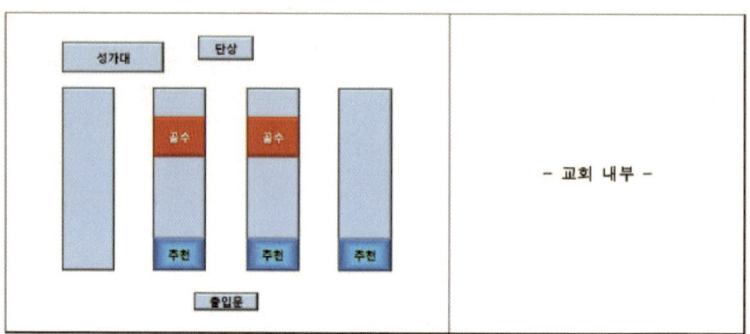

- 교회 내부 -

② 교회 외부

- 주요 동선 -

③ 교회 주변

- 가능 동선 -

4. 신관감리교회

① 교회 내부

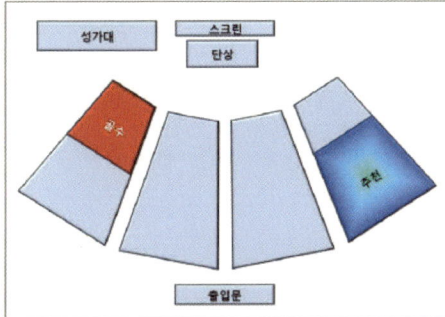

- 교회 내부 -
* 예배당 왼편은 보통 골수들이 많이 앉으므로 될 수 있으면 앉지 않는 것이 좋습니다.
* 예배당 오른편에 앉으면 예배당 내부가 훤히 보이는 구조여서 미리 대상자를 선정했다가 예배 후에 나가면서 말을 걸면 좋습니다.
* 교회 사모가 자리를 안내하는 경우가 있는데 무시해야 합니다.

② 교회 외부

- 주요 동선 -
* 예배 직후 바로 대상자들이 몰려나와 사거리에서 신호를 기다리며 뭉쳐 있게 됩니다.
* 신호를 기다리면서 길 묻기를 하면 좋고, 계속 못 알아듣는 척하며 같이 가달라며 섭외를 하면 좋습니다.

③ 교회 주변

- 가능 동선 -

3-2. 장년부녀 유동추수
- 전도방법 -

1. 장년부녀 유동추수 전도방법이란?

평일 새벽기도회에 참석하여 주로 장년부녀 집사님들을 대상으로 섭외활동을 하는 전도방법입니다. 단으로 묶이있는 여부와 관계없이 새벽기도회에 참석한다는 것 자체가 이미 신앙에 열심이 있는 상태라는 것을 전제로 생각하며, 신앙적 공감대를 먼저 형성하여 섭외에 들어가게 됩니다.

2. 섭외 대상자

구체적인 섭외 대상은 장년부녀 집사님들 중에 교회의 큰 직분을 맡고 있지 않은 자, 새벽기도회를 꾸준히 참석하고 신앙심이 좋은 자, 교회는 다니나 상처가 있는 자 등을 대상으로 섭외활동을 합니다. 대부분 신앙연수와 경험이 많기 때문에 처음에는 경계심이 있을지라도 청년 추수꾼은 모성애와 측은지심 등을 자극하고, 장년부녀 추수꾼은 대상자와 신앙적 공감대를 형성한다면 섭외하는데 어려움이 없을 것입니다.

3. 활동 가능 교회

새벽기도회를 하는 교회라면 어디든 활동이 가능하지만, 규모가 작은 교회는 새벽기도회가 없거나, 있더라도 목회자 가족 중심으로 이뤄지기 때문에 보통 공주 도심을 중심으로 중대형교회에서 활동을 하게 됩니다.

4. 섭외 과정

① 새벽기도회에 참석하여 대상자를 물색하고 접근하여 '찾기에서의 대화법'을 통하여 '나'의 존재를 인식시키고 대상자의 정보를 파악합니다. (대상자의 정보 파악 시, 이름과 연락처까지 파악하면 좋지만 의심을 살 우려가 있을 때에는 안면 정도만 터도 괜찮습니다.)

② 새벽기도회는 매일 진행이 되므로 섭외진행도 빠릅니다. 가능하면 자주 참석하여 안면을 트고 친분을 다지면 좋습니다. 교회에서 자주 얼굴을 보게 되면 자연스레 경계심이 낮아지고 신앙적 공감대 및 인간적 친분이 형성되므로 차분히 기본 정보가 파악 될 때까지 여유 있게 만날 필요가 있습니다.

③ 대상자의 이름과 연락처가 파악 될 경우, 교회요람 등을 통하여 추가 정보를 파악하고 위험여부를 따져 봐야 합니다.

④ 대상자가 합당한 자로 판단 될 경우, 보통 픽박 시나리오를 실시하고, 새벽기도회 혹은 그 이외의 시간에도 만나 간증을 통하여 신앙적 공감대를 형성하고 관리자 및 교사를 매칭하게 됩니다.

5. 교육 및 모임

① 주중에 수시로 모집하며, 교육 및 RP를 진행 합니다. 자신이 활동할 추수밭을 미리 선정하여 각 추수밭에 맞는 섭외 노하우를 교육 받고 이후에 RP로 체화 시킵니다.

② 활동이 이른 새벽에 진행되기 때문에 각자 기상하여 활동하게 되고, 필요시 전날에 조회로 모일 수 있습니다. 추수밭 활동 이후에는 종례를 통하여서 피드백을 하게 됩니다.

6. 장년부녀 유동추수 활동의 이점

① 새벽기도회라는 시간, 장소 특성 상 합당한 신앙인들이 대부분입니다.

② 장년부녀 집사님들을 전도할 때 좋습니다.

③ 대부분의 대상자가 예언형, 은사형, 집회형, 기도형 등으로 24가지 신앙유형에 맞게 접근할 수 있습니다.

④ 청년이 추수꾼으로 활동할 경우 장년부녀 집사님들의 관심을 받는 면이 있고 이는 섭외에 큰 도움이 됩니다.

⑤ 장년부녀 집사님들이 추수꾼으로 활동할 경우 공감대 형성이 잘 되어 섭외에 큰 도움이 됩니다.

⑥ 남편 및 자녀 등 대상자를 통해 추가적인 가족전도가 가능합니다.

7. 주의사항

① 청년이 추수꾼으로 활동할 경우, 대상자와의 공감대 형성 및 신앙우위 선점이 어려워 장년부녀 집사님으로 관리자 매칭이 신속히 이루어져야 합니다.

② 기도실이 대체로 어둡고, 개별적으로 집으로 돌아가는 새벽기도회의 특성 때문에 대상자 선정 및 섭외 시점을 잡기가 애매 합니다. 꾸준히 활동하여 경험을 쌓게 되면 좋은 결과를 얻을 수 있을 것입니다.

③ 은사를 이용하는 섭외방법이 많이 활용되기 때문에 한 대상자에게 중복해서 사용될 경우 의심을 살 우려가 있습니다. 특이한 섭외 방법이나 시나리오는 함부로 실시하지 않도록 합니다.

8. 장년부녀 유동추수 참여 방법

담당 구역장님과 상의 후, 국내선교부 서기에게 직접 신청해 주시기 바랍니다.

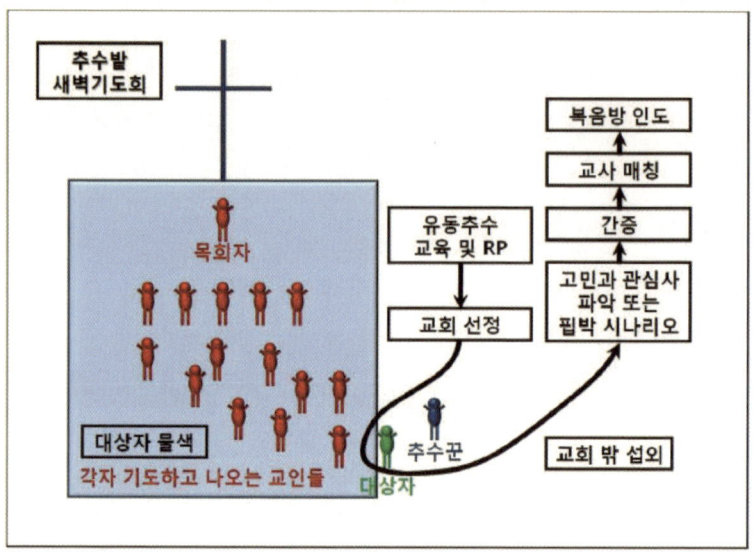

동작이 빨라야 한다.

다시 오시는 예수님은 '빛이다. 번개다' 고 하셨다.

3-2. 장년부녀 유동추수
- 찾기에서의 대화법 -

1. 1차 만남

① 핸드폰 빌리기
추수꾼 : "집사님, 안녕하세요. 실례지만 제가 핸드폰을 들고 온 것 같은데 어디에 뒀는지 잘 몰라서요, 전화 한 통화 좀 빌릴 수 있을까요?"
대상자 : "그래요."
(전화기를 받아 자신의 핸드폰에 전화를 거니 자신의 가방 안에서 울린다.)
추수꾼 : "아, 가방 안에 있었네요. 감사합니다. 새벽기도 하러 오셨나봐요?"
대상자 : "네."
추수꾼 : "여기 정확히 새벽기도 언제부터 시작하나요? 제가 서울에서 학교 다니는데 잠깐 친척집에 (또는 공주대 다니는 동생 보러) 왔거든요. 그래서 집에서 가까운 교회 찾다가 오늘 처음 와봤거든요."
대상자 : "6시 부터는 목사님이 설교해주시고 6시 반부터 기도해요."
추수꾼 : "감사합니다. 교회가 참 이쁘네요. 집사님 담에 또 뵙겠습니다."
대상자 : "네."
(핸드폰 빌리기는 폰 번호는 알 수 있지만 재방하기 어려울 수 있습니다.)

② 아는 척하기
추수꾼 : "아이고, 집사님. 안녕하세요. 새벽기도 나오셨네요. 잘 지내셨어요?"
대상자 : "응? 누구신지?"
추수꾼 : "집사님, 저번에 헌금 빌려 주셨잖아요."
대상자 : "그랬던가요? 사람 잘못 본 것 같은데."
추수꾼 : "앗, 아닌가. 죄송해요. 너무 인상 좋으셔서 그 집사님인줄 알고 제가 착각 했네요. 새벽기도하고 가시는 길이신가봐요?"
대상자 : "네."
추수꾼 : "저도 공주 자주 오는데요. 자주 뵙겠습니다."
대상자 : "그래요, 학생."

③ 길 묻기
(대상자가 가는 방향 쪽 길 묻기)
추수꾼 : "집사님, 실례지만 여기서 ○○아파트 어느 쪽으로 가야 하나요? 제가 친척집에 잠시 와 있는데 길을 자꾸 헤매네요."
대상자 : "아, 거기는 이 방향에서 쭉 가서 왼쪽으로 돌면 되요."
(같은 방향으로 걸어가면서 대상자의 정보 파악 및 안면 트기)
추수꾼 : "감사합니다. 가시는 길이시면 같이 가세요. 새벽기도 하시고 집에 가시나 봐요?"
대상자 : "네, 맞아요."
추수꾼 : "제가 서울에서 학교를 다니는데 공주에 자주 내려오거든요. 오늘 여기 교회 처음 와보는데 목사님 설교 너무 좋으세요."
대상자 : "응, 좋아요 좋아. 학생도 자주와요."

추수꾼 : "네, 고향이 여기세요?"
대상자 : "아니요, 고향은 여기는 아니고 여기서 산지 20년은 넘었지요."
추수꾼 : "그럼 이 교회 계속 다니셨겠어요."
대상자 : "네, 이 교회 다닌지 오래 되었어요."
추수꾼 : "아, 저는 이 쪽 길로 갈게요. 길 알려주셔서 감사해요. 다음에 또 뵐겠습니다."
대상자 : "그러세요."

④ 가까운 거리로 차 태워 달라고 부탁하기 (부축 부탁하기)
추수꾼 : "집사님, 실례지만 제가 발목을 다쳐서 깁스하고 다니다가 어제 풀었는데 오늘 새벽에 교회 오면서 다시 접지른 것 같아요. 너무 아픈데 ○○까지만 차 좀 태워 주실 수 있을까요?"
대상자 : "아이고, 그래요 타요."
추수꾼 : "감사합니다. 새벽기도 하고 가시나 봐요. 여기 교회 오래 다니셨어요?"
대상자 : "네, 그나저나 새벽기도에 청년 오는거 드문데."
추수꾼 : "아, 제가 원래 서울에서 학교 다니는데 동생이 공주대 다녀서 이번에 자주 오게 되었어요. 그래서 집에서 가까운 교회 와보니 여기네요. 태워다 주셔서 너무 감사드려요. 제가 기도 제목 받고 있는데 집사님 기도제목 받아서 기도 해드릴게요. 성함이 어떻게 되세요?"
(메모지 꺼내서 기록)
대상자 : "남편이 건강이 안 좋으니 건강 위해서 기도해 주세요."
추수꾼 : "알겠습니다. 열심히 기도 할테니 다음에 기도 응답 받으시면 알려주세요. 다 왔네요. 담에 또 뵙겠습니다."
대상자 : "네, 잘가요."

2. 2차 만남

① 기도 수첩 맡기기
(이름 등 컨셉 정하고 사전에 준비한 기도 수첩을 대상자에게 맡기면서 핍박 시나리오 진행)
(대상자 나오기 전에 먼저 교회 밖에 나와서 아버지와 심각하게 통화하는 모습 보인 후 기도 수첩을 꺼내 손에 들고 안절부절 한다.)
추수꾼 : "저기, 집사님."
대상자 : "어, 저번에 봤던 학생이네."
추수꾼 : "네, 집사님. 죄송하지만 수첩 좀 잠시 맡아주실 수 있으세요?"
대상자 : "아니, 왜?"
추수꾼 " 부모님께서 새벽에 일어나셨거든요. 그런데 제가 교회 다니는걸 아시면 큰일나거든요. 제 개인적인 기도수첩이라 교회에 맡기기도 그렇고. 맡아주세요."
대상자 : "언제 찾아가게?"
추수꾼 :"제가 오늘 수업이 있어서 서울에 올라갔다가 이번 주 다시 올 때 연락을 드릴게요. 혹시 폰 번호 좀 알려주실 수 있으세요?"
대상자 : "아, 그래. 01×-××××-××××"
추수꾼 : "혹시 성함이 어떻게 되세요?"
대상자 : "김○○ 집사야."
추수꾼 : "네, 감사합니다. 연락 드릴게요. 은혜 갚을게요."
대상자 : "아, 그래요."
(급한 듯 뛰어가고 길거리에서 당분간 대상자와 마주치지 않도록 주의)

② 기도 제목 나누기
추수꾼 : "집사님, 안녕하세요. 그동안 잘 지내셨어요? 저번에 길 묻고 잘 찾아갔어요."
대상자 : "아, 학생. 다행이네."
추수꾼 : "집사님, 혹시 기도 제목 있으시면 저랑 교환해요. 기독교 방송에서 큰 교회 목사님께서 기도 응답이 되려면 기도 한 제목에 10명이 함께 기도해줄 때에 응답이 된다고 하셨거든요. 요즘 제가 기도응답이 잘 안 되는 것 같아서요. 기도 해주시면 저도 집사님 기도제목 받아서 기도해드릴께요. 성함이 어떻게 되세요?"
(메모지 꺼내서 기록)
대상자 : "최○○ 집사야, 그럼 우리 딸 시험 대박 나게 해달라고 기도 해주고 우리 가족 건강을 위해서 기도해줘."
추수꾼 : "네, 저는 이○○라고 해요. 저는 아버지께서 신앙을 하는 것에 대해 반대 안 하시고 아버지를 전도할 수 있게 해달라고 기도 해주세요. 아버지 성함은 이, ○자 ○자 되세요."
대상자 : "아이고, 아버지가 교회 다니는거 안좋아하시니?"
추수꾼 : "네."
(간단한 신앙 간증을 한다.)
대상자 : "그렇구나, 기도 열심히 해줄게."
(간증을 통해 대상자에게 상담 요청을 자주하면서 친분 쌓고 관리자 및 교사 매칭)

어떠한 모양이라도 우리에게 맡겨진

사명을 다하겠다는 굳은 각오로 일해야 한다.

노력하지 않으면 어떻게 이루어지겠는가?

하나님 앞에 한번 먹은 마음 변해서는 안 된다.

정해놓은 목적을 꼭 이루어야 하지 않겠는가?

이 바람 저 바람 분다고 해서 목적이 변해서는 안 된다.

3-2. 장년부녀 유동추수
- 각 교회별 섭외 정보 -

1. 강북지역

① 강북제일침례교회

교회	장소	시간	참여인원	주 연령대
강북제일침례교회	지하 1층 소예배실	설교 05:30 기도 05:50	약 10명	30~50대
[특이사항] 기도할 때 찬양 부르는 교인 많고 기도는 대략 2,30분 정도 합니다.					

② 신관감리교회

교회	장소	시간	참여인원	주 연령대
신관감리교회	1층 소예배실	05:00	약 40명	40~50대
[특이사항] 목사가 직접 교인들에게 안수하고 기도해 줍니다. 방언하고 울며 기도하지만, 크게 시끄럽지는 않으며 차분한 분위기입니다.				

③ 주영광교회

교회	장소	시간	참여인원	주 연령대
주영광교회	2층 대예배실	05:00	약 5명	40대
[특이사항] 분위기 뜨겁고 방언하며 기도에 취해 있습니다.				

④ 주하나장로교회

교회	장소	시간	참여인원	주 연령대
주하나장로교회	1층	05:30	약 10명	30~40대

⑤ 중앙성결교회

교회	장소	시간	참여인원	주 연령대
중앙성결교회	지하 1층 한나성전	설교 05:00 기도 05:20	약 40명	3~50대
[특이사항] 장년, 부녀 집사님들이 5:5 비율입니다.				

⑥ 중앙순복음교회

교회	장소	시간	참여인원	주 연령대
중앙순복음교회	대예배실	설교 06:00 기도 06:20	약 5명	40대
[특이사항] 뜨겁게 기도하며, 방언하며 울며 기도합니다.				

유동추수

⑦ 중앙침례교회

교회	장소	시간	참여인원	주 연령대
중앙침례교회	지하 1층	설교 05:30	약 10명	50~60대

[특이사항]
목사가 설교를 시작하면서 교인들이 들어오기 시작하고 대부분의 교인들이 차량을 가져 옵니다. 전체적으로 부부, 형제 등 둘씩 짝지어 다닙니다. 가끔씩 청년이 한두명 참석합니다.

⑧ 초대감리교회

교회	장소	시간	참여인원	주 연령대
초대감리교회	1층 유아실	05:00	약 40명	30~50대

[특이사항]
방언하며 열심히 기도하는 분위기이고 앞쪽 바닥과 뒤쪽 의자에 교인들이 골고루 앉아 있습니다. 기도가 끝나면 개별적으로 나가기 시작하는데, 뒤쪽 의자에 앉으면 대상자들을 관찰하기 좋습니다. 대부분의 교인들이 차량을 가져오고 교회버스도 운행 합니다.

2. 강남지역

① 공주성결교회

교회	장소	시간	참여인원	주 연령대
공주성결교회	1층 벧엘성전	설교 05:00 기도 05:30	약 50명	30~50대

[특이사항]
대부분의 교인들이 차량을 가져오고 교회버스도 운행합니다.

② 늘푸른교회

교회	장소	시간	참여인원	주 연령대
늘푸른교회	지하 1층	설교 05:00 기도 05:30	약 50명	40~70대

[특이사항]
어머니와 동행하는 집사님들 많습니다.

③ 옥룡장로교회

교회	장소	시간	참여인원	주 연령대
옥룡장로교회	1층 전도실	설교 05:30 기도 05:50	약 5명	40~70대

④ 제일성결교회

교회	장소	시간	참여인원	주 연령대
제일성결교회	1층 교육관	05:00	약 20명	40~70대

[특이사항]
대부분 열심히 기도합니다. 교육관 뒤에 장의자가 있어서 고령의 집사님들이 앉아 기도합니다.

4. 선교교회

1. 운영목적

선교교회란 우리 공주교회가 주체가 되어 운영하는 교회로써,
복음방으로 직접 인도하기 어려운 대상자를 선교교회로 인도할 경우, 교회생활을 통해 이단경계심을 낮추고 의심을 해소한 상태에서, 교회프로그램(제자양육 프로그램 6단계)을 위장한 복음방 및 교회 내부 복음방이 가능합니다.
또한, 교회생활을 통한 신앙훈련, 말씀을 통한 밭갈이, 교육을 통한 인격훈련을 통하여, 무신앙 및 휴신앙 대상자의 신앙심을 배양 할 수 있다는 장점이 있습니다.
그리고 찬양의 밤, 문화강좌(피아노, 기타, 일본어 등), 말씀세미나, 집회 등 섭외의 장으로서도 활용이 가능합니다.

2. 인도 대상자

전도할 가족 및 지인, 복음방으로 직접 인도하기 어려운 섭외자, 교회를 찾는 신앙인 등을 선교교회로 인도할 수 있으며, 무신앙 및 휴신앙자는 신앙을 갖기 위해 2~3개월 이상 선교교회를 출석하는 것이 좋고 이후에 센터로 인도를 하게 됩니다.

3. 인도 절차

전도할 대상자 발생 (인도자) → 구역장·지역장 보고 및 부서장 상담 → 선교교회 인도카드 작성 → 선교교회 담당자와 상의(상담) → 선교교회 예배 및 시스템 참여

① 대상자에게 인도자를 선교교회 성도로 알리고 같이 다니자며 전도하는 경우에는,
→ 인도자가 약 3개월 정도 선교교회 예배 및 모임에 참여해야 합니다. 그 이후에 센터로 인도하게 됩니다.

② 대상자만 선교교회로 보내는 경우에는,
→ 대상자에게 선교교회를 어떻게 소개하는지가 중요합니다.

③ 대상자에게 선교교회 성도를 소개시켜 인도하는 경우에는,
→ 선교교회 성도와 어떻게 알게 됐는지 설명해 주어야 합니다.

※ 선교교회 인도를 원하는 경우에는 선교교회에서 '대상자 신상 보고서'를 받아 작성하신 후 담당자와 상의 후에 인도하게 됩니다. 또한 인도자는 반드시 2회 이상 미리 선교교회 예배에 참석하여 적응한 뒤 대상자를 인도해야 하고, 이후에 선교교회 예배 및 모임에 참여하게 되면, 대체예배 시간 및 장소를 정하게 됩니다. 또한 성전 출입 시에는 반드시 마스크와 모자를 착용하여 만일의 사태에 대비해야 합니다. 만일 대상자가 인도자를 신천지 인으로 알게 된 경우에도 선교교회는 무관해야 하며, 현재 복음방 중인 인원은 위험할 수 있으므로 인도를 자제해 주시기 바랍니다.

4. 예배 및 모임

① 주일 낮 예배 - 매주 주일 오전 11시

② 주일 오후 예배 - 매주 주일 오후 3시 반

③ 수요 예배 - 매주 수요일 오후 7시 반

④ 찬양의 밤 - 매달 마지막주 주일 오후 6시

5. 중요성

선교교회 운영 시스템의 가장 중요한 목적은 추수입니다. 모든 예배와 모임의 목적은 대상자의 단계향상을 통한 복음방 및 센터 인도이며, 이를 위해 선교교회에서는 전도를 위한 각 단계별 시스템을 마련하고 있습니다.

선교교회 대상자의 대부분은 각 부서의 의뢰를 통해 이루어지기 때문에 무엇보다 각 부서를 담당하는 회장, 지역장, 구역장님들의 인식이 중요합니다. 섭외자들이 이단침 및 신앙심 부족으로 인하여 다수가 탈락하고 있는 시점에서, 모험하듯 무리하고 급하게 복음방 및 센터로 인도하기보다 선교교회를 활용하여 이러한 점을 충분히 보완하며 복음방 및 센터로 인도한다면 분명 좋은 열매로 하나님께 드릴 수 있게 될 것입니다.

6. 주의사항

① 복음방 및 센터 수강생은 선교교회로의 인도가 불가합니다.
(선교교회에서도 어느 정도 우리 말씀이 나오기 때문에 목자 및 교회 분별이 힘들 수 있습니다.)

② 복음방 중 대상자에게 의심을 받아, 소속을 확실히 하기 위해서 선교교회를 사용해서는 안됩니다. (잘되면 좋지만 그렇지 않을 경우, 순식간에 소문이 퍼져서 선교교회 시스템이 무용지물이 됩니다. 선교교회가 지역사회에 뿌리를 내리기 위해서 개인적인 욕심은 자제해 주시기 바랍니다.)

보안 문제와 관련하여 대략을 서술하였습니다.
자세한 내용은 담당자에게 문의하시기 바랍니다.

고생도 일도 할 때 해야 한다.

그리고 이왕 일하는 것, 재미있게 해 나가야 한다.

신도의 죽음까지
여론전에 활용하는 신천지

코로나19 사태를 계기로 감염자 중 일부가 신천지 소속이었다는 사실이 밝혀지면서 다양한 문제가 발생하고 있다. 안타깝게도 정체가 밝혀진 신도가 가정불화 후 극단적인 선택을 한 것으로 추정되는 사건이 2건 발생했다. 신천지는 그 책임을 '이단 프레임'에 돌렸지만, 이단 전문가들은 가정 파괴의 원인을 제공한 신천지 때문에 벌어진 비극이라고 지적했다.

신천지 기관지인 '천지일보'는 3월 "코로나 사태 '이단 프레임' 결국 국민을 죽였다."는 기사를 통해 지난달 울산에서 극단적 선택을 한 여신도가 코로나19 사태 보도 후 가정폭력이 심화됐으며, 신천지 신도라는 이유로 불안 공포를 겪었다고 주장했다. 신천지 도마지파도 10일 보도자료를 배포하고 "정읍 신천지 여신도 추락사… 코로나19 사태 핍박 주범 '이단 프레임'이 국민을 또 죽였다."고 주장했다.

강신유 한국기독교이단상담소협회 광주상담소장은 "반사회적 시한부 종말론 집단인 신천지는 이혼 가출 재산 헌납 학업 포기 등 가정 파괴의 주범"이라면서 "그런데도 자신들 때문에 발생한 문제를 마치 '신천지 아웃팅'(신천지 신도임이 강제로 알려지는 것)의 결과인 것처럼 행세하고 있다."고 말했다.

강 소장은 "마치 도둑놈이 집을 약탈해 놓고는 '도둑맞은 집'이라 부르는 동네 사람 때문에 그 집에 문제가 발생했다고 선동하는 것과 비슷한 논리"라고 덧붙였다.

신천지는 현재 이 사건을 두고 "이단 프레임이 신도들을 죽음으로 몰고 갔다."며 여론전을 펼치고 있다. 다수의 언론이 신천지 기관지인 '천지일보' 기사를 인용하며, 신천지의 자료대로 '이단 프레임'의 희생자인 양 몰아가는 형국이다.

강 소장은 "이번 사건의 진짜 피해자는 신천지에 빠진 신도와 그 가족들"이라며 "문제를 일으킨 주범은 SNS를 이용해 수시로 지령을 내리며 가족과 분쟁을 일으키게 만든 반사회적 종교 집단"이라고 지적했다.

진용식 한국기독교이단상담소협회장도 "신천지의 언론 플레이에 대해 피해자 남편 등 유족이 가정폭력은 전혀 사실이 아니라고 반박하고 있다."면서 "코로나19 사태를 이 지경까지 만든 신천지가 거짓말을 하고 있다."고 지적했다.

CHAPTER 6

신천지
어떻게
가르치길래!

신천지 | 이단옆차기

성경을 몰라?
신천지가
해결한다더라

이단 사역자들이 말하는 신천지의 문제는 거짓말 포교전략이 워낙 치밀한데다가 피해자들이 복음방(2개월)과 초등과정(2개월)을 거쳐 중등과정으로 넘어가면 빠져나오기가 쉽지 않다는 것이다. 개역한글판 성경만 고집하는 신천지의 '복음방 교육 노트'를 잘 분석해 보면 한국교회가 선제적으로 대응할 방안이 나온다.

68쪽 분량의 '복음방 교육 노트'에 따르면 신천지는 기존 교회 성도들의 구원관을 갈아엎고 교회와 목회자에 대한 공격적 자세를 갖게 만든 뒤 배타적 교리를 주입한다. 밀교 성격이 짙은 신천지는 그동안 4단계 24개 과로 구성된 복음방 커리큘럼을 철저히 비밀에 부쳐왔다.

신천지는 1단계 교육(1~5과)을 통해 성도들에게 '그동안 성경에 무지했다'는 느낌을 받게 하고 거짓 성경공부의 필요성을 극대화시킨다. 이때 성도들은 신천지가 자신의 형편에 맞게 사전에 치밀하게 짜놓은 각본인 줄도 모르고 성경공부를 하며 그 과정이 기도의 응답인 줄로 착각한다. 가짜 목사, 사모, 부목사, 선교사, 간사, 상담사, 신학생 행세를 하는 복음방 교사는 성경 구절과 정통교회 신학 이론을 교묘히 섞어 이단에 대한 경계심을 낮춘다.

1과는 '성경의 기본상식'인데 성경 66권 분류, 총 장수, 총 절수, 기록자 수 등은 정통교회에서도 가르치는 내용이다. 하지만 대부분 내용은 정통교리와 100% 다른 것이다. 신천지는 성경 내용을 '역사-교훈-예언-성취'로 나누고 성경역사가 '아담 부패→노아 출현→아담세계 멸망→노아의 세계·가나안 부패→모세 출현→노아의 세계 멸망→모세·육적 이스라엘 세계 부패→예수님 출현→육적 이스라엘 멸망→예수님의 초림복음시대·부패→예수님 출현→초림 영적 이스라엘 멸망' 등 12개로 구분돼 있다고 가르친다. 이는 시대별 구원자를 내세우기 위한 포석으로 마지막 시대 다른 이름의 구원자를 내세우기 위한 목적이 숨어 있다. 신구약 모두 예수만이 유일한 구원자라고 언급하는 성경 진리에 정면으로 배치된다.

신천지 복음방 교육 1단계

1과 성경의 기본상식
- 성경의 기록
- 성경의 내용상 분류
- 성경의 구분
- 언약서
- 성경의 역사적 구분

2과 시대구분
- 창세시대
- 율법시대
- 사사시대
- 왕권시대
- 선지시대
- 예수 초림 복음시대
- 서신시대
- 계시록 완성시대

3과 종교
- 종교의 의미
- 종교의 특성

4과 예수님께서 십자가를 져야할 이유
- 사람의 죄로 떠나가신 하나님
- 예수님께서 십자가를 지신 이유

5과 예언과 성취
- 시대별 예언과 성취
- 성취 때의 믿음

신천지 복음방 교육 1단계

2과는 시대 구분이다. 신천지는 성경 6,000년 역사가 8개 시대로 나뉘어 있다고 가르친다. 구약과 신약밖에 없는 시대를 굳이 8개로 쪼갠 것은 요한계시록을 활용해 삼시대론을 부각시키기 위해서다. 신구약 외에 계시록시대를 만들어야 예수님과 동격인 교주를 등장시킬 수 있기 때문이다. 교리에 약한 성도들은 이때부터 "우리가 지금 계시록 완성시대에 살고 있으며, 신약의 예언(4복음서+요한계시록)은 봉함돼 있기 때문에 예언을 알아야 참 믿음을 가질 수 있다."는 신천지의 덫에 빠져든다.

3과는 '종교'다. 불교, 유교, 기독교에 각각 경전이 있는데 하나님이 시대마다 선지자들을 통해 그 계획을 경서(經書)에 담았다는 것이다. 여기서 신천지는 "종교 중에서 기독교가 가장 우월하며 말씀은 대언자를 통해서 선포된다."고 가르친다.

4과는 '예수님께서 십자가를 져야 할 이유'인데 여기에서 신천지는 구원의 '옵션'을 추가한다. 이들은 "구원은 예수를 믿고 새 언약을 알고 지킬 때 있다."며 "예수를 믿는다고 하면서 새 언약에 관심이 없는 사람은 진정한 죄 사함이 없다."고 경고한다.

5과는 '예언과 성취'다. 신천지는 시대별 예언과 성취 사례를 제시하며 "하나님이 시대마다 예언하고 성취해왔다."면서 "재림의 때를 사는 우리들은 신약의 예언을 알고 깨닫는 신앙인이 되자."며 성경공부의 필요성을 집중적으로 강조한다.

신천지 | 이단옆차기

구원관 갈아엎기, 신앙관 통째로 부정하기

신천지의 심각성은 수단과 방법을 가리지 않고 정통교회 성도들의 신앙관을 갈아엎는다는 데 있다. 신천지는 성도들을 미혹해 정통교회의 예배·기도·봉사생활을 중단시키고 가족관계도 피폐하게 만든다. 복음방 2단계에 해당하는 6~10과는 성도들이 기존에 갖고 있던 구원론, 신론, 교회론, 삼위일체론, 종말론을 송두리째 부정하게 만드는 세뇌과정이다. 이때 신천지가 써먹는 논리는 '이원론적 세계관'과 '비유 풀이'다.

6과는 '하나님과 마귀의 존재'다. 신천지는 모든 세계를 '영계'와 '육계'로 구분하고 이것을 다시 하나님의 '선의 세계'와 사단 마귀의 '악의 세계'로 구분한다. 목자도 성령이 함께하는 참 목자, 악령이 함께하는 거짓 목자로 나눈다. 이때 신천지는 "선과 악의 두 세계는 말씀으로만 분별할 수 있다."며 거짓 성경공부의 당위성을 강조한다. 이런 교육을 받은 성도들은 점점 목회자의 설교를 비판하기 시작하고 '비유풀이를 모르는 우리 목사님은 거짓 목자'라는 이분법적 착각에 빠진다.

> **신천지 복음방 교육 2단계**
>
> **6과 하나님과 마귀의 존재**
> • 하나님
> • 마귀
> • 마귀가 하는 일
> • 하나님과 사단 역사의 분별법
>
> **7과 천국비밀: 감추인 것, 비율 증거, 밝게 증거**
> • 감추인 것(비밀)
> • 왜 감추셨나?
> • 천국비밀에 대한 세가지 시대
> • 성취되는 때 아는 자와 모르는 자의 차이
>
> **8과 새포도주와 묵은 포도주**
> • 포도나무
> • 포도주 구분
>
> **9과 낮과 밤과 빛과 어두움**
> • 빛과 어두움
> • 낮과 밤을 통한 시대구분
>
> **10과 새계명 사랑**
> • 왜 사랑하라 하셨나?
> • 하나님과 예수님을 사랑하는 방법

신천지 복음방 교육 2단계

7과는 '천국 비밀'이다. 신천지는 '군대에서 적군으로부터 비밀을 지키기 위해 암호를 쓰듯 성경에서도 하나님이 사단으로부터 지키고자 하는 비밀이 있다'고 주장한다. 그리고 '이 비밀을 감추기 위해 암호를 사용하는데 그게 바로 비유'라는 조잡한 논리를 편다. 이어 신천지는 구약시대, 구약성취시대, 신약성취시대 등 삼시대론을 다시 들먹이며 "신약성취시대를 살고 있는 지금 비유를 깨닫지 못하면 죄 사함을 받지 못하고 천국에 갈 수 없다."고 은근히 위협한다.

8과는 '새 포도주와 묵은 포도주'로 이때부터 비뚤어진 신앙관을 본격적으로 드러낸다. 신천지는 "구약의 약속대로 오신 예수님을 믿으라는 말은 2,000년간 들어온 묵은 포도주"라며 정통교회의 신앙관을 철저히 배격한다. 그리고 누가복음 5장 37절을 제시하며 "새 포도주가 되기 위해선 비 진리를 가르치는 교회와 목회자를 버려야 한다."고 주장한다.

9과 '낮과 밤, 빛과 어두움'에선 "예언에 대해 무지한 상태가 어두움이며 빛으로 나와야 천국과 구원을 얻을 수 있다."고 강조한다. 신천지는 미혹한 성도들에게 지속적으로 비유풀이를 가르쳐 '봉함된 말씀만 배우다가는 지옥에 갈 수 있다'는 위기의식을 심어줘 교회를 떠나게 만든다.

10과에선 "하나님과 예수님이 사랑이신데 오늘날 신앙세계가 다르다고 이단시하고 핍박·정죄하는 모습이 만연해 있다."면서 '핍박자=정통교회, 피해자=신천지'라는 피해의식을 미리 심어 놓는다.

이처럼 이원론적 세계관은 모든 사이비 집단이 채택하는 이론으로 신천지도 영과 육, 물질과 정신, 하늘과 땅, 천사와 악마 등 세상의 모든 것이 대립 관계에 있다고 가정한다. 이런 잘못된 세계관은 성도들이 지닌 구원관을 완전히 갈아엎고 목회자를 거짓 선지자로 매도하는 데 이용된다.

이만희도 쩔쩔매는
질문 2개는?

"신천기 37년 표어는 '하나님의 통치, 마지막 일곱 번째 나팔 소리와 흰무리 창조 완성의 해'입니다. 그렇다면 이만희 교주는 며칠 뒤 코로나19로 신천지가 쑥대밭이 될 것이라고 예상도 못 한 채 이런 황당한 표어를 지었나요?"

"코로나19는 요한계시록 19장의 어떤 실상입니까?"

신천지 탈퇴자들이 코로나19 사태 이후 신천지 신도들의 탈퇴를 촉진할 수 있는 2가지 질문을 뽑았다.

첫 번째 질문은 코로나19 상황을 전혀 예측하지 못한 채 작성한 신천지 표어다.

신천지 특전대로 활동했던 A씨는 "2020년은 신천기(新天期) 37년인데, 표어가 '하나님의 통치, 마지막 일곱 번째 나팔 소리와 흰무리 창조 완성의 해'였다."면서 "이 표어를 지난 1월 14일 발표했는데, 그렇다면 보혜사 이만희조차 며칠 후 코로나19로 온 나라가 떠들썩해질지 모르고 이런 황당한 표어를 정했다는 말이 된다."고 설명했다.

신천지는 북한의 '주체 OOO년'처럼 1984년 설립 때부터 신천기라는 자체 연호를 사용하며, 매년 교주의 승인에 따라 핵심 표어를 짓고 있다.

A씨는 "그들의 표어대로라면 코로나19는 '일곱 번째 나팔소리'가 되고, 신천지에 대한 검찰 수사는 '하나님의 통치'가 되는 황당한 상황이 발생한다."면서 "따라서 누구도 이 질문에 답을 못할 것"이라고 전망했다.

코로나19 감염사태를 성경적으로 해석하지 못하는 것도 이들에겐 급소다. 신천지에서 최근 탈퇴한 B씨는 "망상에 빠진 신천지는 지금도 요한계시록 19장이 성취되는 시기를 살고 있다고 생각한다."면서 "성경대로라면 신천지는 계시록 19장의 말씀대로 혼인 잔칫집 상태, 축제상태에 있어야 한다."고 설명했다.

그는 "하지만 코로나19를 확산시킨 신천지는 지금 잔칫집이 아니다. 절대 해석이 불가능하다."면서 "신천지 말단 신도부터 고위급까지 누구도 코로나19가 요한계시록 19장의 어떤 실상인지 답을 내리지 못할 것"이라고 예측했다.

C씨는 "신천지 고위층은 신도들에게 '인터넷을 보면 영이 죽는다'고 철저하게 교육하고 있을 것이 뻔하므로 다수의 신도는 사태의 심각성을 잘 모르고 있을 것"이라면서 "이런 우매한 상황에서 '세상이 자신들을 핍박한다'면서 더욱 단결을 부르짖고 있을 것"이라고 예상했다.
"하지만 아무리 세뇌된 신도라 하더라도 2가지 질문을 던진다면 답변을 못 하고 크게 당황할 게 뻔하다."면서 "2가지 질문이 신천지 탈퇴를 촉진하는 실마리가 되었으면 좋겠다."고 말했다.

신천지 이단옆차기

교회는 부패집단, 목회자는 더 나쁘다니까!

신천지는 거짓말 포교로 한국교회 성도들을 빼돌리고자 혈안이 돼 있는데 이를 위해 복음방 3단계 과정에서 정통교회와 목회자를 경멸하게끔 만든다. 모든 목회자들을 거짓 목자로 매도하고 한국교회를 부정·부패집단으로 몰아가는 것은 더 많은 반사이익을 얻기 위해서다.

11과는 '주 재림 때의 영적기근'이다. 신천지는 종말의 때 기근이 온다는 말씀을 영적으로 해석한다. 그리고 "사람이 자의적으로 해석한 양식만 교회에 만연해 기근에 빠졌다."면서 "기존 목회자들은 악령이 들어 쓰는 목자이기 때문에 신약의 성취된 말씀을 풀지 못하고 있다."고 비판한다. 그다음 은근슬쩍 계시의 말씀이 '때에 따른 양식을 나눠주는 충성되고 지혜 있는 종'에 의해 전달된다고 가르친다.

12과는 '아이 밴 자와 젖먹이는 자의 화(禍)'이다. 신천지는 하나님의 백성을 육적 이스라엘(유대교), 영적 이스라엘(기독교), 영적 새 이스라엘(신천지)로 구분한다. 그리고 영적 이스라엘이 아직도 초보의 말씀인

'젖'만 먹고 자신들처럼 신약이 성취된 실상인 '단단한 식물'을 먹지 못한다고 비판한다. 그러면서 "새 언약을 깨닫지 못하는 기성교회가 오히려 단단한 식물을 전하는 자를 핍박하고 죽이려 한다."며 "마지막 때 아이 밴 자와 젖먹이는 자에게 화가 있다는 말씀처럼 영적으로 몽학선생인 목회자들에게 화가 있을 것"이라고 경고한다.

신천지는 13과(세 가지 해, 달, 별)에서 이스라엘 12지파 구성의 배경을 설명하고 하나님의 선민인 영적 새 이스라엘에 속해야 한다고 주장한다. 이들은 "영적 이스라엘이 예언의 내용을 깨닫지 못해 해, 달, 별처럼 어두워지고 떨어지는 심판을 당하게 된다."면서 "이긴 자를 통해 창조되는 영적 새 이스라엘 12지파(신천지)에 속해야 한다."며 위기감을 고조시킨다.

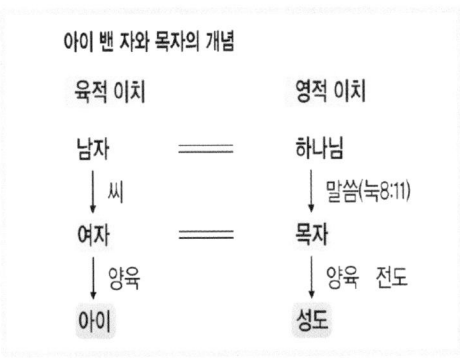

신천지가 가르치는 아이 밴 자와 목자의 유사성

> **신천지 복음방 교육 3단계**
>
> **11과 주 재림 때의 영적 기근**
> - 영적 양식
> - 영적 기근
>
> **12과 아이밴 자와 젖먹이는 자의 화**
> - 그날=세상 끝
> - 아이밴 자와 젖먹이는 자
> - 화를 당하는 이유
>
> **13과 세 가지 해, 달, 별**
> - 이스라엘의 유래와 의미
> - 육적 이스라엘에게 주신 예언과 성취
> - 영적 이스라엘에게 주신 예언과 성취
>
> **14과 예수 재림과 혼인잔치**
> - 어린 양의 혼인잔치는 언제 있게 되는가?
> - 성경적 혼인 잔치집의 증거(증표)
> - 청함을 받은 자는 많되 택함을 받은 자는 적다
>
> **15과 목자구분**
> - 목자는 어떻게 구분되는가?
>
> **16과 계시와 사람의 계명**
> - 구약의 계시
> - 신약의 계시
>
> **17과 계시될 믿음**
> - 계시될 믿음과 계시된 믿음의 차이
> - 계시의 말씀을 전하는 약속의 목자
> - 계시된 믿음을 갖지 못한 자의 결과

신천지 복음방 교육 3단계

14과에선 "하나님의 소와 살진 짐승(배도자, 멸망자)을 잡은 혼인 잔치 (신천지)를 찾아 예복(옳은 행실) 등(말씀) 기름(증거의 말씀)을 준비하고 택함 받은 자가 되자."고 독려한다.

15과는 '목자 구분'인데 신천지는 여기에서 정통교회 목회자를 미혹하는 영(사단)과 함께하는 거짓 목자로 지목한다. 그리고 "때에 따른 양식을 주는 충성 되고 지혜 있는 종(마태복음 24:45~47), 감추었던 만나를 주는 이긴 자(요한계시록 2:17), 약속한 목자·새 요한(요한계시록 10장), 철장으로 만국을 다스릴 아이(요한계시록 12:5)가 참 목자며, 마지막 때 신약의 예언대로 출현하는 약속의 목자가 있다."고 주장한다. 16~17과에선 "약속의 목자를 통해 계시의 말씀이 전해진다."고 재차 강조한다.

이처럼 신천지가 정통교회를 비난하고 목회자를 개, 돼지, 거짓 목자로 경멸하는 진짜 이유는 비난의 강도를 높이면 높일수록 자기 조직이 성장·결속되기 때문이다. 성경 지식과 교회 기반이 전혀 없는 비신자를 대상으로 한 포교에서 신천지가 사실상 성과를 내지 못하는 이유도 여기에 있다.

신천지 이단옆차기

구원
받으려면
신천지에서

신천지는 복음방 1~3단계 교육에서 성경 시대를 자의적으로 나누고 구원관을 갈아엎는다. 이때 미혹 당한 성도들은 자신이 속한 교회가 바벨론 교회, 목회자가 거짓 목자라는 착각에 빠진다.

신천지는 4단계(18~24과) 교육에서 마귀에 속한 거짓 목자(목회자), 바벨론(신천지 외의 모든 교회)을 떠나 신천지에 들어와야 구원을 얻을 수 있다며 배타적인 교리를 주입한다. 경기도 과천에서 태동한 신천지에만 구원이 있고 전 세계 22억 명이 속한 기독교에는 구원이 없다는 식의 논리다. 이런 편협하고 배타적인 교리와 이원론적 세계관, 적대감은 시한부 종말론 집단에서 나타나는 공통적 특징이다.

신천지는 18과에서 영의 세계를 하나님의 나라와 마귀의 나라로 구분하고 기성교회는 이미 마귀의 세상이며 신앙세계가 영적 전쟁터라고 주장한다. 그리고 초림 때 유대교와 예수님이 싸웠듯 재림 때도 예수교 안에서 하나님과 마귀의 전쟁이 벌어지기 때문에 이긴 자를 중심으로 모인 하나님 나라(신천지)에 들어와야 한다고 강조한다.

19과 '영적 이방과 선민'에선 신천지만이 택함 받은 영적 새 이스라엘(영적 새 선민)임을 강조한다. 그리고 영적 새 선민과 이방인을 '이긴 자가 가르쳐주는 새 언약을 알아보는가 아니면 핍박하고 저주하느냐.'로 구분한다. 이어 신천지와 하나 되지 못하면 핍박·저주하는 이방인으로 전락한다고 가르친다.

20과에서 신천지는 자신의 조직 외에 모든 교회를 비 진리를 전하는 바벨론이라고 칭한다. 신천지가 천국이라 가르치는 새 예루살렘은 약속한 목자(이긴 자)와 12지파가 있는 곳이다.

21과에선 '하나님이 함께하시는 목자와 성도들이 있는 신천지를 찾아가는 신앙인이 돼야 한다'고 가르친다. 이때 예수님이 아닌 새 요한, 즉 이만희 교주를 지속적으로 부각한다.

22과에선 천국 백성이 되기 위해서는 거듭나야 하는 데 그 방법이 영적 새 이스라엘 12지파(신천지)의 말씀으로 인 맞는 것이라고 강조한다. 요한계시록 7장과 14장을 들어 물과 성령으로 거듭나야 천국 12지파의 가족인 맞은 자가 될 수 있다는 것이다. 결국, 신천지에 와야만 구원받을 수 있다는 아전인수 격 논리다.

신천지는 거짓 성경공부 수강 사실이 가족과 교회에 폭로될 것에 대비해 23~24과에서 핍박을 받을 때의 자세에 대해 가르친다. 신천지는 "예수님이 제자들에게 자신이 그리스도임을 말하지 말라고 당부하셨듯 말씀이 완전히 자기 것이 될 때까지 숨겨둬야 한다."면서 입막음 교육을 한다. 그리고 "사단에 소속된 자들은 거짓말을 지어내고 핍박, 저주, 비판하는 일을 한다."며 적반하장격으로 기성교회를 매도한다.

> **신천지 복음방 교육 4단계**
>
> **18과 하나님 나라와 마귀의 나라**
> - 초림 때 하나님의 나라와 마귀의 나라
> - 재림 때 하나님 나라와 마귀의 나라
>
> **19과 영적 이방과 선민**
> - 육적 선민의 시작과 끝
> - 영적 선민의 시작과 끝
> - 영적 새 선민과 영적 새 이방
>
> **20과 바벨론과 예루살렘과 새 예루살렘**
> - 예루살렘과 바벨론
> - 초림의 예루살렘과 바벨론
> - 재림의 예루살렘과 바벨론
>
> **21과 신약에 약속된 나라**
> - 구약시대 하나님의 나라
> - 신약시대 하나님의 나라
>
> **22과 인 맞음과 성령**
> - 천국백성이 되기 위한 조건과 방법
> - 물과 성령으로 거듭나는 것의 참 의미
> - 시대별 인 맞는 역사, 인 맞은 하나님의 자녀
>
> **23과 죄와 용서**
> - 하나님과 예수님의 사랑
> - 하나님께 속한 자와 속하지 않은 자
>
> **24과 핍박과 상**
> - 핍박하는 자의 행위
> - 핍박받는 자의 행위
> - 이단과 정통을 나누는 기준과 때

신천지 복음방 교육 4단계

신천지 이단옆차기

초등 시험문제, 보혜사 자리에 교주를?

신천지의 초등 시험은 신천지 미혹 과정(거짓말 전도→복음방→신학원→신천지교회)에서 신학원으로 넘어가기 위한 필수 코스다. 5쪽 분량의 시험지에는 신천지가 초창기 집중적으로 가르치는 25개 항목이 고스란히 들어있다.

시험문제는 크게 '성경 상식'과 '비유' 문제로 나뉜다. 18~24개 주제로 진행되는 복음방 커리큘럼 중 각 과에서 가장 중요하다고 판단되는 문제만 뽑아냈기 때문에 2개월 교육과정의 핵심 골격이라 할 수 있다.

시험문제 중 가장 눈에 띄는 것은 9번 문제다. '사람이 죄를 사함 받을 수 있는 조건 3가지는 무엇인지 증거 성구와 함께 쓰시오'인데 신천지가 예수 그리스도 외에 다른 구원을 가르치는 종교집단임을 드러내는 결정적 증거다.

신천지가 요구하는 답변은 '오직 예수님의 피를 먹음으로(마태복음

26:28, 요한복음 6:53~57), 비유를 깨달음으로(마가복음 4:10~12), 새 언약을 지킴으로(히브리서 8:10~12)'이다. 신천지는 구원론이 약한 기성교회 성도들에게 예수라는 답을 넣어 안심시키고 은근슬쩍 '비유'와 '새 언약'이라는 답변을 추가시켜 자신의 교리를 주입한다.

'아담 때로부터 계시록 때까지 하나님이 세운 치리자 7명은 누구인지 순서대로 쓰라'는 3번 문제도 정통교회와는 전혀 다른 해석이다.

답은 '아담, 노아, 아브라함, 모세, 여호수아, 예수님, 이긴 자·보혜사'인데 치리자 7명을 시대별 구원자로 동격화하고 예수의 유일성마저 희석한다. 훗날 이긴 자·보혜사의 자리엔 이만희 교주를 끼워 넣는다.

신천지가 4~10번 문제를 통해 노리는 것은 성경을 3가지 시대(구약시대, 신약시대, 계시록 시대)로 나누기 위해서다. 비유 문제 15개는 중·고등교육 때 계시록 강의를 원활하게 하고 포섭 성도를 세뇌하는데 쓰인다.

주기수 한국기독교이단상담소협회 경인상담소장은 "하나님은 구약과 신약 외에 다른 시대를 구별하신 적이 없으며, 구원자는 오직 예수 그리스도 한 분밖에 없다."면서 "신천지가 삼시대론을 주장하는 이유는 구약(여호와), 신약(예수님)에 이어 마지막 계시록 시대 재림주로 교주 자신을 등장시키기 위해서"라고 비판했다.

- 이단 경계심 낮추기 멘트 -

1. 대화 : 어제 집에 있는데 하나님의 교회에서 전도를 나왔더라고요. 내가 원래 이단들에게 문을 안 열어 주는데 우리 딸이 열어 주어 버린 거예요. 집사님은 이단들이 오면 문 열어주세요?
반응 : 내 주위에 이단에 빠진 사람이 많아요. 너무 무섭고 절대 빠지면 안되요.
<오히려 이단에 대해서 다 설명을 해주면서 내가 이단이 아니라는 것을 확인 시킨다>
상담 : 저도 그렇게 생각해요. 우리 교회에서도 이단 세미나를 한 적이 있어 배웠는데 하나님의 교회를 왜 이단이라 하시는지 아세요? 거기는 안상홍이란 사람을 하나님이라고 믿어요. 그리고 여호와의 증인은 지옥이 없다고 합니다. 또 구원파는 죄 사함을 받았다고 하면서 육적인 죄를 죄로 여기지 않는다는 부분이 있대요. 신천지는 각 교회의 일꾼들이 다 빠져 나간다고 해서 다들 머리가 아프다고 하네요.

2. 대화 : 집사님도 참 말씀에 관심이 많네요. 교회에서 성경공부를 많이 하시나 보네요.
반응 : 요즘 이단들이 많기 때문에 우리 교회에서 말씀을 체계적으로 잘 가르쳐 주시고 있어요.
상담 : 참 좋은 교회를 다니시네요. 저는 성도들의 질적인 성장을 키워는 교회가 좋아요. 그래서 요즘 교회마다 말씀공부를 많이 실시하고 있고 부흥이 일어나고 있잖아요. 그리고 더 많은 성장을 위해서 어떤 교회는 성령집회도 갖고 있는데 너무나 하나님께 감사를 드리게 되고 하나님의 은혜라 생각하게 되요. 오히려 이단들이 판치니까 우리 성도들이 신앙적으로 더 배우게 되고 부흥을 하게 되어서요.
이런 부흥된 모습이 더해져서 각 교회마다 교류하는 일이 있다는 말씀도 있잖아요. 단12장 4절 말씀에 보면 마지막이 되면 많은 교회가 왕래하며 서로 지식이 더해진다는 말씀이 실감이 나네요. 우리 교회에서만 배워야 한다는 건 혹시 우리의 고정관념이 아닐까요?

3. 대화 : 요즘 여호와의 증인들이 전화로서 전도활동을 하던데 혹시 집사님 집에 전화가 안 오던가요?
반응 : 우리 교회에 말씀에 관심이 많은 집사님이 계시는데 밖에서 말씀을 배우다가 결국 이상한데로 가더라고요. 그래서 우리 목사님이 예배시간마다 광고를 해요. 다른데서 말씀 배우면 큰일난다구요. (목사의 쇠뇌교육으로 이단경계)
상담 : 목사님께서 양들을 보호하시기 위해서 아마도 그러신 것 같아요. 하지만 요즘은 정보화 시대다 보니 모든 정보를 쉽게 접할 수 있잖아요. 기독교 TV만 보아도 많은 말씀을 들을 수가 있습니다. 시대가 우리 교회에서만 들어야 한다고 해도 지금 그렇지 않은 시대인 것 같아요. 요즘 소비자들은 말씀이 있으면 언제나 말씀을 들을 권리가 있지 않을 까요? 부모들도 자녀가 잘 못 될까싶어 과잉보호를 하고 또 어떤 부모들은 견문을 넓히는 체험을 시키기 위해 세상 밖으로 보낸다. 열린 목회를 하시는 분들은 성도들의 신앙성장을 위해서 좋은 교육이 있어서 다 받으라고 한다. 그만큼 자신이 있겠죠?

4. 대화 : 집사님도 저처럼 말씀을 읽어도 어렵고 답답하면 우리 한번 말씀을 배워볼까요?
반응 : 말씀을 배우면 이단에 빠질 것 같아 배우기 싫어요. 이단들은 비유를 풀고 여기저기서 찾아 읽는다고 하더라고요.
상담 : 성경을 깨닫지 못한다면 어것도 저것도 다 하나님의 역사로 착각하며 어떠한 것이 하나님의 역사인지 사단의 역사인지, 성령과 악령, 참 목자와 거짓 목자, 진리와 비진리, 정통과 이단인지 분별하지 못하고 미혹 받아 멸망 받는다. 그러므로 성경을 깨닫는 자는 지혜와 지각을 통해 분별하고 판단하여 장성한 신앙인이 됩니다.

호	소 속	성 명	금지사항	확 인
			대여, 복사, 분해, 분실, 유출	

신천지는 미혹한 성도를 안심시키기 위해 이단 경계심 낮추기 멘트까지 미리 준비해 놓았다.

신천지를 적극 두둔하는 천지일보

신천지가 사실상 코로나19의 '숙주' 역할을 하면서 국민적 비판을 받고 있지만 유독 사이비 종교집단을 두둔하고 있는 언론사가 있다. 신천지 언론사인 '천지일보'다.

천지일보는 코로나19 사태 이후 '신천지는 사실상 피해자' '정부, 오히려 신천지에 사과해야' '신천지 적극 자료 제출 협조 중' '코로나 사태, 신천지 아닌 질병 문제… 정부 방역실패 인정해야' '코로나 진원지 누명 쓴 신천지' '신천지 공식 입장… 기성교회 대변한 거짓 보도 유감' 등 200개 이상의 기사를 쏟아내며 신천지를 적극 두둔했다.

심지어 '코로나19 대신 신천지 잡는 정권과 기득권 세력'이라는 사설에선 신천지가 피해 집단이고 감염병 확산방지에 힘쓰는 방역 당국을 질책하고 있다.
천지일보는 사설에서 "신천지는 종교의 자유가 있는 나라에서 종교적 핍박을 받는 대표적 종교단체"라면서 "(신천지를 향한) 마녀사냥을 당장 멈출 때 바이러스가 잡힐 것"이라는 해괴한 논리를 펼쳤다.

한국교회에 대한 비판도 이어졌다. 천지일보는 "교계 기득권을 지키기 위해 기성

교단에서 쌓아온 편견에 기반해 신천지예수교회에 대한 거짓 비방을 유포하는 사례는 어제오늘 일이 아니다."라고 지적했다.

특히 '부산 온천교회 확진자 무더기 발생' 기사를 싣고 "밤새 확진 환자가 급증한 데다 확진자가 나온 지역도 빠르게 커지고 있어 시민 불안이 걷잡을 수 없이 커지고 있다."고 보도했다.

부산 온천교회 관계자는 "교회 내 잠입한 신천지 포교꾼 때문에 성도들이 코로나19 바이러스에 감염됐으며, 교회가 큰 피해를 보았다."면서 "그런데도 신천지는 반성은커녕 코로나19 감염을 한국교회와 방역 당국 탓으로 돌리고 있다. 이런 사이비 종교집단엔 '철퇴'가 내려져야 한다."고 비판했다.

이덕술 한국기독교상담소협회 서울상담소장은 "신천지처럼 천지일보도 자신의 정체를 숨긴 채 포교에 유리한 환경을 조성하기 위해 안간힘을 쓰고 있다."면서 "이번 코로나19 사태가 신천지 관계기관의 실체가 모두 드러나는 계기가 될 것"이라고 전망했다.

이어 "정부 방역이 실패했던 것은 자신의 신분을 숨긴 채 방역 당국의 지시를 무시하고 거리를 활보했던 신천지 집단 때문"이라면서 "최소한의 양심이 있다면 34만 1,200명 신도 명단이나 공개하라."고 촉구했다.

CHAPTER 7

그렇다면
어떻게
할 것인가?

신천지 | 이단옆차기

신천지가
가장 경계하는
것이 있다

밀교 성향이 짙은 신천지가 가장 경계하는 것은 복음방·센터·위장교회의 위치 노출이다. 시한부종말론 집단인 신천지는 자신들의 교육장소가 폭로되는 것을 가장 두려워한다. 따라서 지역 교계가 힘을 합쳐 교육 장소 및 위장교회 앞에서 꾸준히 1인 시위를 하면 큰 성과를 거둘 수 있다.

대개 신천지에서 교육받거나 위장교회에 속아 넘어간 성도들은 자신이 배우러 다니는 곳이 신천지라는 사실을 전혀 인식하지 못한다. 성경공부 사실을 철저히 비밀에 부치고 교육 장소에 노래방이나 피시방, 컴퓨터학원 등의 간판을 달고 있는 것도 이 같은 이유 때문이다.

이런 상황에서 이단 상담 전문가들은 해당 건물 사진과 지도가 담긴 팸플릿을 배포하고 교육장 입구에서 1인 시위만 해도 성도들을 거짓말 포교로부터 지켜내는데 탁월한 효과를 거둘 수 있다고 말한다. 수천만 원의 임차보증금을 지급해 단기간에 교육 장소를 옮기는 게 사실상 어렵기 때문이다.

현장 교회에서 곧바로 활용할 수 있는 것은 '복음방 접근 여부 체크리스트'다. 매주 주보와 함께 체크리스트를 성도들에게 배포하고 광고시간에 한목소리로 읽는다면 최적의 예방효과를 거둘 수 있다. 지역 교계가 연합해 신천지 위장교회를 끝까지 추적해 다시는 발붙이지 못하도록 하는 것도 필요하다.

한국교회의 신천지 대처 방안
- 교회 밖 성경공부 절대금지
- 교회·목회자 중심의 신앙생활
- 구원의 확신 위한 정통 교리교육
- 교회 주인의식·신고정신 강화
- 이단대책세미나 등 철저한 예방교육
- 교회·성도의 신앙 건강성 회복
- 이탈 신도 회복 위한 상담체계 구축

한국교회의 신천지 대처 방안

신천지 | 이단옆차기

신천지 교육장소·위장교회 앞 1인 시위

신천지는 성도를 미혹할 때 써먹는 모략(포교시나리오)이 워낙 치밀한 데다가 정통교단 심벌 및 마크와 교단 명을 도용한 위장교회까지 운영하고 있어 누구나 속아 넘어갈 수 있다. 따라서 신천지의 급소를 찌를 수 있는 최적의 방법은 교육장소 및 위장교회 앞 1인 시위를 전개하는 것이다.

1인 시위를 위해 신천지대책전국연합 카페인 '바로 알자 사이비 신천지'(cafe.naver.com/soscj) 등에서 신천지 교육장소를 확인한다. 신천지 쪽에서 '진짜 바로 알자 신천지' '제발 진짜 바로 알자 신천지' 등의 유사카페를 운영하고 있으므로 주의한다.

1인 시위는 '집회 및 시위에 관한 법률'의 적용을 받지 않기 때문에 신고의무가 없다. 피켓이나 현수막, 어깨띠 등을 두르고 자유롭게 시위를 할 수 있다. 신천지 교육은 보통 주 4회(월·화·목·금요일) 오전 10시, 오후 7시30분 시작되므로 시위는 시작 전후 30분씩만 하면 된다.

시위할 때는 2인 1조로 움직여야 한다. 1명은 '이 건물 O층에 신천지 교육장소(교회)가 있습니다.'라는 푯말을 들고 1명은 시위자 보호를 위해 동영상 및 사진 촬영을 한다. 최근 1인 시위에 위기감을 느낀 신천지 신도들이 '쓰레기를 버리지 맙시다.' 등의 위장 피켓이나 우산 등을 들고 방해하는 사례가 있는 만큼 관할 지구대를 찾아가 시위목적을 밝히고 경찰의 도움을 받는 것도 좋은 방법이다.

신천지는 교육장소 앞 1인 시위를 가장 경계한다.

1인 시위를 마친 뒤에는 건물 사진을 촬영하고 지역 교회에 위치를 알려줘야 한다. 시위효과를 높일 수 있도록 지역 기독교연합회, 이단상담소 등과 연대해 순번을 정해 지속적으로 시위를 진행해야 한다.

최 씨(55세)는 최근 부산 신천지센터 5곳에서 '이곳은 신천지 미혹 교육장소입니다'라는 문구가 적힌 패널을 목에 걸고 1인 시위를 벌여 4주 만에 신천지에 빠졌던 딸을 구출해냈다.

최 씨는 "교육 장소에 오는 사람 대부분은 그곳이 신천지인 줄도 모르고 들어가기 때문에 신천지는 1인 시위를 가장 경계한다."면서 "1인 시위는 집회신고를 하지 않아도 돼 폭행 등 위협에 대비해 동영상 촬영을 도와주는 사람만 있다면 전혀 문제 될 게 없다."고 밝혔다. 그는 "신천지는 거짓말 포교가 들통 나고 주변 평판이 아주 나빠지기 때문에 교육장 앞 1인 시위에 굉장히 민감하게 반응한다."면서 "교육 시작·종료 전후 30분씩만 시위해도 신천지 예방에 큰 효과를 볼 수 있을 것"이라고 조언했다.

1인 시위 매뉴얼

- 신천지대책전국연합 카페(cafe.naver.com/soscj) 등에서 신천지 교육 장소를 확인한다.
- 교육 장소를 미리 찾아 지형을 숙지한다.
- 신고 의무는 없으나 관할지구대를 찾아 시위 목적을 밝히고 경찰의 도움을 받는다.
- 기독 언론사에 연락해 취재를 요청한다.
- 교육이 주 4회(월·화·목·금요일) 오전 10시, 오후 7시 30분 시작되므로 전후 30분씩 시위를 한다.
- 1명은 '이 건물 O층에 신천지 교육장소(교회)가 있습니다.'라는 푯말을 들고, 1명은 시위자 보호를 위해 동영상·사진 촬영을 한다.
- 신천지 신도들이 우산 등을 이용해 시위자를 가릴 수 있으므로 피켓을 장대에 부착한다.
- 침묵시위를 원칙으로 하고 언쟁을 대비해 소형녹음기를 소지한다.
- 신천지 관련 기사를 복사해 인쇄물로 나눠준다.
- 주변교회에 신천지 교육장소가 있다는 사실을 알린다.
- 촬영한 사진을 신천지대책전국연합 전국신천지피해자연대에 전달한다.
- 지역 기독교연합회, 이단상담소 등과 연대해 순번제로 시위를 진행한다.

신천지 | 이단옆차기

팸플릿
제작
배포

신천지로부터 성도를 보호하는 또 다른 방법은 신천지 건물 사진과 지도가 게재된 팸플릿을 나눠주는 것이다. 지역 복음방과 센터(신학원), 위장 교회, 문화센터, 동아리 등의 사진과 주소를 기재하면 효과가 크다. 특히 신천지 접근방법, 복음방·센터 교육내용을 명시해 성도들이 거짓 포교에 빠지지 않도록 홍보하는 것도 중요하다.

황의종 한국기독교이단상담소협회 영남상담소장은 "신천지가 사무실을 임차할 때 보증금으로 수천만 원을 내고 인테리어를 해놓기 때문에 단시간에 교육 장소를 옮긴다는 것은 사실상 불가능하다."면서 "지역 교회가 연합해 위치 정보를 모으고 건물 사진과 지도만 공개해도 큰 효과를 얻을 수 있을 것"이라고 설명했다.

신천지 예방 팸플릿

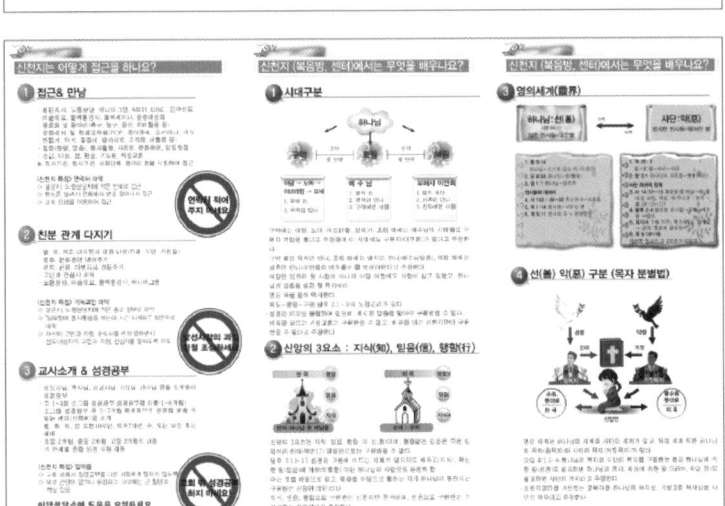

"문재인 정부가
신천지에 감사해야 한다고?"

신천지예수교증거장막성전(신천지) 기관지인 천지일보가 급기야 "문재인 정부가 신천지에 감사해야 한다."는 주장을 펼치기 시작했다.

천지일보는 이만희 교주가 회장으로, 신천지의 의사를 그대로 반영하는 매체다. 따라서 신종 코로나바이러스(코로나19) 사태 속 사이비 종교집단 신도들의 의식 수준이 어디에 있는지 가늠할 수 있다.

천지일보는 '문재인 정부가 신천지에 감사해야 하는 5가지 이유'에서 "31번 (신천지 감염자가) 코로나 확진을 받았고 이후 신천지 대구 신도들에게 대규모 집단감염이 일어나자 모든 걸 신천지에 뒤집어씌울 기회를 얻었다."고 주장했다. 즉 "중국인 입국 금지를 안 해서 이런 사태가 빚어졌다'는 비난을 피할 기회를 얻었다."는 것이다.

신천지 기관지는 신도들의 코로나19 검사 덕택에 진단실적이 최고였고, 검진자 중 젊은 신도가 많기 때문에 사망률이 최저였다는 해괴한 논리도 펼쳤다.

천지일보는 "문재인 정부가 신천지 신도를 줄 세워 최단기간 최다 진단실적을 올렸고, 신천지 신도 중 젊은 층의 빈도가 높아 타국에 비해 사망률이 낮아 방역 모범국가로 자화자찬하고 있다."면서 "이것도 신천지에 감사할 이유"라고 주장했다.

이어 "문 대통령과 여권 인사의 지지율을 올리는 데도 신천지는 최대 희생양"이라면서 "인권탄압을 해도 욕을 안 먹으니 신천지에 감사해야 한다."는 논리를 펼쳤다.

신천지의 이 같은 반발은 대구시와 경찰이 함께 신천지 대구집단에 대한 행정조사를 벌인 이후에 나온 것이다. 이런 배경에서 천지일보는 자신들을 '피해자'로 지칭하고 "여태껏 피해자를 가해자로 몰아붙인 이 정권이 어떤 행보를 보일지 참으로 기대된다."고 밝혔다.

진용식 한국기독교이단상담소협회장은 "코로나19 사태가 이 지경까지 온 것은 바이러스에 감염되고도 정체를 숨기며 활동했던 신천지 신도 때문"이라면서 "종교사기 집단이 국민에게 막대한 피해를 입혀놓고 이제 와 피해자 행세를 하고 있다."고 지적했다.

진 목사는 "신천지는 오히려 압수수색을 않고 교주를 구속하지 않은 문 정부에 감사해야 한다."면서 "신천지의 도덕적 해이가 이 정도까지 왔다. 검경은 사이비 종교집단을 내버려 둬선 안 된다."고 당부했다.

신천지 | 이단옆차기

신천지
복음방 여부
체크리스트 활용하기

신천지 접근 및 복음방 체크리스트

항목

1. 성격·행동 유형검사, 미술심리치료, 도형그리기, 우울증·스트레스 테스트, 애니어그램, MBTI 검사, 힐링 스쿨, 각종 설문, 5분 스피치 평가 등에 참여한 적이 있다.
2. 누군가 나에 대한 꿈을 꾸었다며 신앙이야기를 하며 접근한 적이 있다.
3. 주변에서 "신앙상담, 신유, 영적능력이 탁월한 사람이 있다"는 제안을 받았다.
4. 교회 밖에서 성경공부, 큐티모임, 영성훈련 등의 신앙모임을 해보자는 권유를 받았다.
5. 교회 밖 성경공부를 인도하는 교사가 목사, 전도사, 사모, 신대원생, 간사, 선교사 등이다.
6. 성경공부 교사가 "성경공부 하는 것을 다른 사람에게 알리지 말라"고 말했다.
7. 성경공부 교사가 성경 내용을 역사, 교훈, 예언, 성취로 구분했다.
8. 성경공부 교사가 "성경이 '계시록 시대' 등 8개 시대로 구분되며 반드시 예언을 깨달아야 한다"고 강조했다.
9. 성경공부 교사가 "죄 사함이 예수를 믿고 비유를 깨달으며 새언약을 지킬 때 가능하다"고 가르쳤다.
10. 성경공부 교사가 "사단이 성전에 앉아 하나님으로 가장해 신앙인들을 미혹 한다"고 말했다.
11. 성경공부 때 '천국 비밀이 감춰져 있으며 비유로 된 계시의 말씀을 깨달아야 한다'고 배웠다.
12. 성경공부 교사가 "시대별 예언과 성취가 있으며, 일반교회에서 봉함된 말씀을 계속 배우다간 구원받을 수 없다"고 충고했다.
13. 성경공부에서 육적 이스라엘, 영적 이스라엘, 영적 새 이스라엘(영적 새 선민)에 대해 배웠다.
14. 성경공부 교사가 "재림의 때 출현하는 약속의 목자, 이긴자가 있다"고 강조했다.
15. 성경공부를 시작한 뒤 주일 설교가 잘 들리지 않고 목사님이 거짓목자처럼 느껴진다.
16. 성경공부 후 현재 다니는 교회가 바벨론교회라는 느낌이 들어 떠나고 싶은 생각이 든다.

※ 1~4번 문항 중 '예'가 1개 이상이면 신천지 추수꾼이 접근했을 가능성이 큼.
   5~16번 문항 중 '예'가 2개 이상이면 복음방 교육 초반부, 4개 이상이면 복음방 교육 중반부, 7개 이상이면 복음방 교육 후반부

신천지 접근 및 복음방 체크리스트에 해당사항이 하나라도 있으면 반드시 이단 상담소에서 상담을 받아야 한다.

신천지의 포교 수법과 복음방 교육 여부를 판별할 수 있는 방법은 여러 가지다. 그중 가장 간편한 방법이 '체크리스트'다.

16개 문항으로 구성된 체크리스트에는 신천지가 실제 포교 때 써먹는 방법과 복음방의 핵심 교육내용을 담고 있다. 체크리스트 1~4번 문항에는 설문조사, 우울증·스트레스 테스트, 힐링스쿨, 5분 스피치 평가 등을 발판삼아 접근한 뒤 꿈 이야기를 하고 신앙상담과 성경공부를 권하는 신천지의 수법이 명시됐다. 5~16번 문항에는 구원관을 갈아엎고 교회와 목회자를 경멸하게 하는 복음방 교육 핵심내용이 들어있다.

한국기독교이단상담소협회 임웅기 광주상담소장은 "적어도 1개월에 한 번씩 예배시간에 전 성도가 한목소리로 체크리스트를 읽고 수시로 전단을 배포해 조사한다면 신천지에 대한 경각심이 한층 높아질 것"이라며 "성도들은 교회 밖 성경공부를 하게 될 경우 권유자와 성경공부 교사의 신상을 목회자에게 반드시 보고해야 한다."고 조언했다.

신천지 | 이단옆차기

신천지의
위장교회를
찾아내라

위장교회는 정통교회처럼 꾸며 놓았지만 실제로는 신천지 교인들이 모이는 장소다. 대개 정통교회의 교단명칭과 로고를 사칭한다.

위장교회는 대개 대한예수교장로회, 기독교대한성결교회, 기독교대한하나님의성회 등 정통교단 명칭을 그대로 사용한다. 위장교회는 겉으로는 정통 교회와 다를 게 없으나 신천지 신도가 자신의 정체가 밝혀졌을 때 가족들에게 '다시는 신천지에 가지 않을 테니 제3의 교회에서 새롭게 신앙생활을 하자'며 회유하는 공간으로 활용된다.

신현욱 소장(구리이단상담소)은 "위장교회는 2004년 처음 시작됐으며, 2010년부터 본격화돼 지금은 전국에 수백여 곳이 운영되는 것으로 추정된다."며 "말씀세미나, 문화강좌, 찬양콘서트, 전도축제 등으로 성도들을 미혹케 하는 만큼 1인 시위 등 지역교계가 연합해 추방해야 한다."고 강조했다. 진용식 한국기독교이단상담소협회장도 "과거 교회 자리에 새 교회가 들어와 옛 교회 간판을 그대로 쓰거나 교회 내·외부의 교회 명칭이 다를 경우 위장교회 가능성이 크다."면서 "그들은 신천지라는 사실이 드러났다고 판단되면 교회명을 수시로 바꾸고 교육 장소를 옮기기 때문에 지역 교계가 힘을 합해 끝까지 추적해야 한다."고 조언했다.

위장교회 발각 전   위장교회 발각 후

신천지의 위장교회였던 경기도 파주 한사랑성결교회 전경.
신천지 신도들은 자신의 교회가 기독교대한성결교회 소속이라며 간판과 주보에 교단 마크까지 내걸었지만 모두 거짓으로 드러났다. 한사랑교회는 신천지 위장교회라는 사실이 밝혀지자 기존의 간판을 흰색으로 가리고 어디론가 장소를 옮겼다.

신천지는
왜 그렇게 보안에 목숨을 걸까

신천지는 신도 명단, 교재 내용, 보고서 등 내부 정보 유출에 극도로 예민하게 반응한다. 포교꾼과 비밀시설이 공개돼 포교에 막대한 지장이 생길 수 있기 때문이다.

대구시가 행정조사 때 다대오지파 본부에서 컴퓨터 48대를 가져왔지만, 저장 파일을 열 수 없었던 것도 이중으로 설치됐던 보안프로그램 때문이다.
내부 문서도 마찬가지다. 문서 출력 기록, 신도 출결 기록, 섭외자(포교 대상자) 현황, 섭외자 탈락, 복음방 현황, 복음방 탈락, 센터 인도 등의 서류는 신천지 본부 서버에 자동 저장될 정도로 관리가 철저하다.

포교 문서도 마찬가지다. 각 보고서에는 사선으로 워터마크가 찍히는데, 출력자가 누구인지 추적이 가능하도록 해놨다. 신천지 내부시설에서 문서를 출력하면 출력자 아이디와 신천지 집단명, 출력일시(00년 0월 0일 00시 00분), '보안문서이므로 외부 유출을 금지합니다'라는 글씨가 문서 하단과 중간에 찍힌다.

신천지에서 최근 탈퇴한 A 씨는 "신천지는 늘 보안을 중시하다 보니 출입 때도 극도의 보안을 유지한다."면서 "종교집회가 열릴 때는 입구에서 건장한 남성 신도 5~6명이 지키며, 지문인식이나 신도 출입 카드 등을 사용할 때만 출입할 수 있었다."고 말했다.

이어 "최근엔 출석자 누락 방지를 위해 큐알 코드를 화면에 띄우고 휴대전화로 촬영해 실시간으로 출결을 확인한다."면서 "정보가 바깥으로 새어나가면 비밀 포교꾼 수백 명의 정체가 폭로되고 위장 포교센터의 위치가 노출되기 때문에 막대한 피해를 본다. 그래서 보안은 생명"이라고 말했다.

탈퇴자 B 씨는 "신천지는 보안과 안전을 위해서라면 위치추적기까지 사용하는 집단"이라면서 "그 정도로 철두철미하게 준비하는 집단에 CCTV가 없었다는 것은 어불성설"이라고 말했다. B 씨는 "신천지의 보안 시스템은 첩보영화처럼 이중 삼중으로 운용되고 있다고 보면 된다."면서 "신천지 지도부가 보안이 허술한 종교단체처럼 연기할 게 뻔하다. 절대 믿어선 안 된다."고 귀띔했다.

신천지 특전대원으로 활동하다가 탈퇴한 김충일 전도사는 "과거 신천지 포교꾼들이 내부 문서를 집에 가지고 다니다가 정체가 발각되는 일이 많았다."면서 "그래서 보안을 중시하기 시작했다."고 설명했다.

김 전도사는 "특히 고위급 인사들이 관리하던 내부 명단이나 섭외자 명단 등이 유출돼 신천지 조직이 한꺼번에 노출되는 경우도 있었다."면서 "포교 활동 때 섭외자를 다잡았다고 생각하다가 놓치는 등 피해가 커지니까 보안에 최우선 순위를 두고 있는 것"이라고 분석했다.

CHAPTER 8

가족, 친척, 교인이
신천지에
빠졌을 때

신천지 | 이단옆차기

누구나
신천지에
빠질 수 있다

신천지 피해와 관련해 현장에서 접할 수 있는 반응은 크게 세 가지다. 정상적인 경우 애타는 마음에 자문한다.

"가족 중 00가 신천지에 빠졌어요. 어떻게 하면 좋을까요?"

"교인 중 하나가 신천지로 의심됩니다. 본인과 교인들의 피해를 최소화할 수 있는 방법이 뭡니까?"

그리고 또 다른 반응이 있다. 첫째는 어이가 없다는 눈길로 "우리 교회는 건강하기 때문에 절대 신천지 같은 이단세력이 없다."며 반박한다. 둘째는 "신천지 같은 시한부종말론 집단에 어떻게 하면 빠질 수 있는 거냐."며 조롱 섞인 어투로 남의 일인 양 말한다.

앞의 자세는 신천지에 빠진 가족과 교인의 문제를 해결할 수 있는 최소한의 가능성이 있다. 하지만 "우리 교회엔 절대~" "어떻게 신천지 같은 곳에~"와 같은 생각을 가지면 절대 문제를 해결할 수 없다. 문제를 지닌 상대를 인정하지도, 피해 상황이 어떤지 알아보려고 하지 않는 데 문제를 푼다는 것은 어불성설이다.

'우리 교회는 신천지의 안전지대'라는 생각은 말 그대로 희망 사항일 뿐이다. 신천지의 공격적 침투는 교회의 건강성 여부와는 전혀 상관없다. 신도수 14만4천 명을 채우기 위해서라면 수단과 방법을 가리지 않고 거짓말을 하는 시한부종말론집단이기 때문이다.

연애특강, 재능기부라는 기발한 방법까지 동원하고 가짜 신부, 보살, 도인까지 투입해 한 명이라도 더 끌어들이려는 마당에 교회의 건강성 유무, 목회자의 탁월성 여부가 무슨 상관이 있겠는가. 정통교회는 그들에게 추수밭이다. 추수밭에는 추수가 어려운 밭과 쉬운 밭만 있을 뿐이다.

따라서 교회 내 신천지가 절대 없다는 생각은 목회자들의 큰 착각이다. 목회자들은 냉철하게 현실을 직시하고 문제를 감추려는 태도, 성도들이 신천지에 빠졌다는 죄책감에서 하루빨리 빠져 나와야 한다.

또한, 피해자를 조롱하는 듯한 태도는 오히려 피해자의 반발만 살 뿐이다. 자신이 최고로 여기는 신앙 가치를 조롱하는 사람에게 피해자가 입을 열 리 만무하다.

인간의 몸이란 대개 면역력이 약해지면 바이러스가 침투하고 감기에 걸리기 마련이다. 혹자는 몸살, 폐렴, 심하면 암에 걸리기도 한다. '어떻게 신천지 같은 곳에~'와 같은 태도는 마치 감기 환자, 암에 걸린 환우를 앞에 두고 "어떻게 질병에 걸릴 수 있냐. 한심하다."고 신경질적으로 다그치는 것과 같다.

육체가 약해지면 감기에 걸리듯 영적으로 약해지면 신천지에 빠진다. 아픈 환자 옆에서 위로하며 더 이상 질병이 커지지 않도록 도와주는 게 그리스도인의 성숙한 자세가 아니던가. 마찬가지다. 영적 질병에 걸린 환자를 불쌍히 여기며 회복을 바라는 게 바른 태도다.

신천지 ｜ 이단옆차기

약은 약사에게, 신천지 문제는 이단상담소에

현장에서 크게 착각하는 것 중 하나는 피해자를 가족이나 목회자가 빼낼 수 있다고 자만하는 것이다. 하지만 이런 태도는 피해자와 가족이 서로의 감정만 상하게 될 뿐이다. '신천지가 별거냐'는 안일한 자세로 달려 들었다가는 오히려 가출, 이혼, 교회 분란 등의 낭패를 보기 십상이다.

앞에서도 기술했듯 신천지는 상당한 매뉴얼을 갖고 있다. 특히 신천지는 회원 신도가 이단상담소에 끌려가지 않도록 철저한 대책을 마련해 놓았다. 심지어 섭외부라는 전담부서를 만들어 놓고 이탈 가능성이 있는 신도의 인적사항을 확보한 뒤 24시간 미행과 감시를 한다. 이들은 만일의 사태에 대비해 '신변보호 요청서'는 물론 가족 차량번호, 차량 색깔, 비상연락망까지 미리 입수해 놓은 상태다.

이런 치밀한 전략을 가진 신천지가 배후에 있다는 사실도 모르고 무작정 다그친다면 새벽에 줄행랑을 치거나 욕을 해대고 칼로 손목을 긋는

과격한 행동만 나타날 뿐이다. 피해자는 문자메시지나 종이쪽지, 스마트폰, SNS 등 수단 방법을 가리지 않고 신천지 집단에 자신의 처지를 알린다.

따라서 신천지에 빠진 신도를 빼내는 최선의 방법은 피해자가 인지하지 못하도록 이단상담소협회에 데리고 가는 것이다. 가급적 피해자에게 양해를 구해서 가는 게 좋지만, 이것도 입교 3~4개월 미만의 경우에나 가능한 일이다. 신천지는 이단상담소에 가면 영이 죽는다고 가르친다. 1년 넘게 배운 신천지 교리를 3~4일 만에 깨뜨려 버리니 무서워할 만도 하다. 순진한 신도들은 "이단상담소에 가면 상담료가 수백만 원이 들며, 약을 먹인 뒤 감금, 폭행 후 정신병원에 가둔다."는 신천지의 거짓말을 그대로 믿는다. 상담소에 대한 적개심이 대단하므로 보통 가출을 하는데 극단적인 경우 고층에서 뛰어내리고 자해를 시도하는 경우도 종종 있다.

피해자의 온전한 회복을 위해선 반드시 이단상담소를 거쳐야 한다. 아무리 신천지에 나가지 않겠다는 각서를 쓰더라도 워낙 거짓말을 교묘하게 시키는 데다가 주변에서 다시 꾀어내기 위한 조직이 첩보작전 펼치듯 가동되고 있기 때문이다.

6개월~1년간 배운 잘못된 시한부 종말론 교리를 빼내지 않는 한 과거처럼 정상적인 교회 생활, 가정생활은 쉽지 않다. 따라서 잘못 배운 교리를 하나하나 추적해 잘못을 가려내는 '해독'과정이 필요하다. 그 과정이 바로 이단 상담이다.

신천지 | 이단옆차기

이단상담소를 통한 가족 구출작전

이단상담소(연락처는 책 표지날개 참조)에 가기 전, 가족과 교인들이 반드시 지켜야 할 원칙이 있다. 절대 피해자를 비방하지 말고 가족들이 신천지에 빠진 사실을 눈치 챘다는 기색을 보여선 안 된다는 것이다.

신천지에 빠진 피해자는 가족이 신천지 활동을 알고 있다고 판단되면 상담소에 가지 않기 위해 필사적으로 가출을 시도한다. 상담소로 이동 중 피해자가 차에서 뛰어내리는 경우도 있으니 주의해야 한다. 신천지에선 이탈을 막기 위해 집중적인 반증 교육을 진행한다. 일종의 위기관리 교육이다.

따라서 문제를 해결하기 위해선 가족들이 신천지의 특징과 그들의 전략을 미리 간파하고 있어야 한다. 피해자에게 섣불리 이단상담소에 가자고 하거나 갑자기 생소한 곳에 가자는 말은 '가출하라'는 말과 같다. 그래서 가족들이 먼저 상담소를 찾아 상담을 받는 게 가장 좋은 방법이다.

강신유 한국기독교이단상담소협회 광주상담소장은 "가족들이 이단에 빠진 식구를 구해내기 위해 하나 돼야 하며 가족 상담을 통해 이단 교리의 특성을 알고 피해자가 왜 그렇게 행동을 하게 됐는지 이해해야 한다."고 조언했다.

강 소장은 "무조건 힘으로 막으려 한다면 오히려 가족불화만 일으킬 뿐 도움이 되지 않는다."면서 "피해자가 이단 상담 전 '영이 죽을 수 있다. 생사의 갈림길에 서 있다'는 망상 속에 빠져있다는 사실을 분명히 알고 대처해야 한다."고 말했다.

이단 상담은 크게 일반상담과 심화상담으로 나뉜다. 일반상담은 복음방과 센터 3~4개월 과정을 밟은 피해자에게 해당되는데 상대적으로 시한부종말론 교리 주입이 덜 된 상태여서 성공 가능성이 크다.

자신이 성경공부 하는 곳이 신천지인 줄 모르나 성경을 보는 눈이 바뀌어 담임목사의 설교가 귀에 잘 들어오지 않는 상태다. 주위 사람의 권유로 상담소를 찾아 교육을 받을 수 있다. 신천지 성경공부를 그만두게 하는 목적뿐만 아니라 교육 내의 잘못된 부분과 바른 신앙생활의 방법, 자세 등을 가르쳐 줘야 한다. 피해자는 이단에 속았다는 수치심에 자신감 하락, 불신감, 대인기피증이 나타나기도 한다.

신천지 | 이단옆차기

6개월 이상 교육 이수자는 반드시 이단상담소로

문제는 중등교육을 이수한 피해자, 즉 신천지에 빠진 지 5~6개월 이상인 경우에 발생한다. 이런 경우 피해자는 자신이 성경공부 하는 곳이 신천지인 줄 알면서 전도까지 한다. 주변에 거짓말을 자연스럽게 하고 다양한 교육 행사로 바쁘다. 신천지 신도들과 가족 이상의 끈끈한 관계를 맺고 있으며 인터넷은 '선악과'라며 거들떠보지도 않는다. 이 같은 단계에 접어든 피해자가 있다면 일단 병에 걸린 '환자'로 보는 게 적절하다.

이런 경우 가족과 목회자의 설득으론 불가능하며 상담소를 찾아 구체적으로 신천지의 교리가 뭐가 잘못되었는지, 교리서를 찾아가며 정확하게 비교하는 심화 상담이 필요하다. 가족들은 이단에 빠진 피해자가 다시 과거처럼 돌아올 수 있다는 확신을 갖고 사랑으로 대해 주고 인내하며 기도하는 자세를 가져야 한다.

상담소를 통해 피해자가 회복됐다면 가족이나 교회는 적은 금액이라도 후원금을 전달하는 성의를 보여야 한다. 피해자 회복 후 나타나는 공통적 특징은 '내 가족, 내 교인이 정상으로 돌아왔으면 그만'이라며 과거의 불미스러운 일을 숨기고자 그날로 연락을 끊는다는 것이다.

그러나 우리 가족, 우리 교회가 신천지로 고통을 겪은 뒤 이단상담소를 통해 회복되었듯 다른 피해자 역시 같은 공간을 통해 회복될 수 있다는 생각을 한다면 최소한의 성의 표시는 하는 게 예의다. 그렇다고 신천지가 주장하듯 상담소에서 돈을 요구하지는 않는다.

오늘도 전국에서 활동하는 이단상담소 관계자들은 열악한 조건에서 사무실 임차료와 식대, 인건비 등을 자체 충당하면서 이단과 힘겹게 싸우고 있다. 이단대책의 최전선에서 고군분투하는 사역자들에 대한 지역 교계의 체계적인 지원과 배려가 절실한 이유가 여기에 있다.

가톨릭도 신천지의 위장 포교 때문에 골머리를 앓고 있다. 가톨릭 서울대교구 사목국은 주보에서 '낯선 사람들의 목소리를 주의합시다'라는 글을 싣고 신천지의 위장 포교를 경계하라고 당부했다.

혐오프레임,
이젠 신천지가 사용한다

신천지가 자신들이 저지른 사회적 해악을 숨기기 위해 '혐오프레임'을 들고 나오기 시작했다.

신천지 기관지인 '천지일보'는 3월 15일 "신천지 '시한부 종말론'의 진실… 신천지 혐오, 어디서 왔나?"라는 기사를 게재하고 신천지에 대한 혐오를 중단하라고 요구했다.

이만희 교주가 회장으로 활동하는 천지일보는 "21세기 자유민주주의 국가 대한민국에서 특정 종교에 대한 마녀재판이 일어난다고 보는 게 맞을 것"이라면서 "신천지에 대한 비이성적 혐오의 배경에는 기성교단과 개신교 대변지가 만든 이단 프레임, 기득권 편에 선 언론의 편향 보도, 보편적 인식을 악용한 정치적 술수가 작용한다."고 주장했다.

이어 "모두가 신천지를 광신적 자폐 집단처럼 몰고 있지만 신천지 교리도, 신천지인의 사정도 신천지에 묻지 않고 기획된 대로 보도하고 여론화하는 모습 자체가 거대한 자폐 집단을 보는 듯하다."면서 비판의 화살을 한국사회에 돌리고 있다.

박성제 법무법인 추양가을햇살 변호사는 "신천지와 천지일보가 '혐오 프레임'을 사용하는데, 이것은 동성 간 성행위자들이 도덕적 비난을 피하려고 자주 써먹는 용어전술의 일종"이라고 설명했다.

이어 "한국사회는 아직도 혐오가 무엇을 뜻하는지 사회적 합의조차 내리지 못했다."면서 "신천지의 의도 속에는 혐오라는 용어를 앞세워 정당한 비판을 막으려는 속셈이 들어있다."고 꼬집었다.

혐오가 성립하려면 두 가지 조건이 맞아 떨어져야 한다. 절대 변하지 않는 속성과 역사적으로 극심한 탄압을 받아야 한다. 대표적인 예가 인종 성별 장애 피부색인데, 흑인이나 여성, 장애인이 지닌 특성을 비판하면 혐오가 맞다.

하지만 신천지에 빠져 이만희를 숭배하는 행위는 이단 상담을 받으면 얼마든지 빠져나올 수 있는 일시적 특성이다.

마찬가지로 동성 간 성행위도 20,30대가 지나면 독특한 성적취향이 떨어져 나가 성 중독의 세계에서 빠져나오기 때문에 일시적 취향에 불과하다.

따라서 신천지나 동성 간 성행위에 대한 비판은 혐오에 해당되지 않는다.

지영준 변호사(법무법인 저스티스)는 "신천지는 육체영생과 거짓말 교리로 신종 코로나바이러스(코로나19) 무차별적으로 확산시킨 책임이 있다."고 지적했다. 이어 "그런데도 혐오라는 용어전술로 자신들의 책임을 회피하려 한다."면서 "코로나19보다 더욱 치명적인 에이즈를 무차별적으로 확산시키는 남성 동성애자의 전략과 아주 유사하다."고 분석했다.

지 변호사는 "대한민국 사회는 표현 양심 사상의 자유가 있으므로 명예훼손이 되지 않는 범위에서 얼마든지 반사회적 종교집단에 대한 비판이 가능하다."면서 "그런데 신천지는 정당한 비판까지 혐오로 몰아가려고 한다. 신천지의 윤리의식이 얼마나 낮은지 엿볼 수 있는 대목"이라고 말했다.

에필로그

수년간 신천지예수교증거장막성전 관련 기사를 쓰면서 내린 결론이 있다. 그것은 한국교회가 신천지라는 사이비종교 집단에 대해 너무 안일하게 대응한다는 것이다.

우선 신천지 포교꾼을 머리에 뿔이 달린 사람들처럼, 극단적인 부류의 사람들로 생각한다. 이것은 신천지의 폐해를 알린다며 대안이나 탈출 방법 등을 제시하기보다 선정적 보도에 주력했던 언론의 책임이 크다.

사실 신천지 포교꾼은 달콤한 말로 접근하는 여러분의 가까운 형, 누나, 언니, 동생, 친구나 정말 신뢰하는 선교사, 전도사, 강도사, 선교단체 간사일 수 있다. 인간적으로 너무나 잘해주기에 신천지라고 상상조차 할 수 없는 사람들일 수 있다. 지금 이 순간 나에게 정말 잘해준 이웃 5명을 꼽을 수 있는가. 그중에 신천지가 끼어있을 수 있다.

그들은 친한 이웃으로 가장해 접근한다. 그리고 현란한 거짓말로 세뇌 교육에 끌고 간다. 언론이 그들의 사기 포교를 폭로할수록 더욱 정교한 거짓말을 만들어낼 것이다.

코로나19 사태로 사람들이 신천지의 '신'자만 들어도 경기를 일으킬 게 뻔하므로 완벽한 거짓말로 사이비 종교집단에 끌고 갈 것이다.

세뇌 교육에 빠진 신천지 신도를 담임목사님이 상담을 통해 구출해 낼 수 있을까. 부모가, 형제자매가 설득해서 빼낼 수 있을까. 다년간의 취재 경험상 그 가능성은 '제로'에 가깝다. 아니 불가능하니 제발 포기하라고 말해주고 싶다.

교회 내 무슨 상담프로그램으로 신천지에 빠진 신도를 빼내겠다고 생각한다면 더더욱 오산이다. 목회자의 책임감에 어설픈 상담을 시도했다가 어릴 적부터 말씀으로 양육해 온, 그 순진하던 아이로부터 쌍욕을 듣게 될 것이다.

아마 눈을 부릅뜨고 "개 돼지 같은 목사들아 정신 차려라. 신천지가 도래했다"는 피맺힌 절규를 듣게 될 것이다. 그리고 자해를 한다며 한바탕 소동을 일으킬 것이다.

방법은 무엇일까. 답은 이단상담소를 찾아가는 방법밖에 없다. 암 치료를 하려면 암 전문 병원에 가야 한다. 허리 디스크 치료를 하려면 척추 전문 정형외과를 가야 한다. 신천지에 빠진 영적 환자를 치료하려면 목양실이 아니라 이단상담소로 데리고 가야 한다. 그래야 잘못된 교리 교육을 상담을 통해 해독할 수 있다.

해독작업을 거치지 않고 신천지 탈퇴를 했다면 어떻게 될까. 평생 한국교회를 경멸하는 안티 기독교인으로 살 것이다. 부모들이 명심해야 할 이야기다. 상담을 받지 않은 탈퇴자는 구원론이 망가진 데다 피해의식, 자괴감으로 똘똘 뭉친 '영적 좀비'라고 봐도 무방하다. 그래서 반드시 이단상담을 받게 해야 한다.

정치인과 지자체장, 한국교회 목회자들이 크게 잘못 알고 있는 것이 있다. 신천지가 코로나19 사태로 위축되리라는 것이다. 천만의 말씀이다. 약간의 이탈은 있겠지만 어느 정도 교세 회복은 할 것이다. 수십 명이 더욱 현란한 거짓말을 하면서 교회 밖 성경공부로 끌어들일 텐데 그것을 유한한 인간이 어떻게 판단할 수 있다는 말인가.

신천지에 빠진 피해자가 이단에서 나오는 길은 간단하다. 이단상담소에서 상담 도중 '들을 귀가 열리는 것'이다. 신천지에서 아무리 철저한 교육을 받았다고 해도 교리에 문제가 많으므로 언젠가는 '비늘'이 벗겨진다. 그때까지 참고 기다려야 한다. 목회자든, 부모든, 형제자매든 참고 또 참고 기다리며 사랑으로 보살펴야 한다.

당장에 화가 나고 욕을 한바탕 쏟아내고 싶을 것이다. 신천지에 빠진 사람은 그 나름대로 절박한 이유가 있다. '영이 죽으면 인생이 끝난다'는 위기의식 때문이다. 생각해보라. 여러분이 이슬람 극단주의자에게 끌려가 "예수를 부인하면 살려주겠다"고 칼을 들이댄다면 어떤 심정이겠는가. 아마 이단상담소에 끌려온 신천지 피해자의 심리가 이와 유사할 것이다.

목회자들은 '우리 교회에 설마 신천지가 있겠어'와 같은 순진한 생각을 버려야 한다. 그때부터 신천지 대책이 수립된다. 교회마다 이단사이비대책위원회를 설치하고 주기적으로 이단 예방 교육을 통해 신천지의 접근을 분별하고 차단해야 할 것이다.

성도들도 '얼마든지 신천지를 분별해 낼 수 있다'는 영적 자만심, 착각에서 벗어나 교회 중심, 말씀 중심, 기도 중심의 신앙생활을 해야 할 것이다. 길거리 설문조사도 금물이다.

이 책에 나오는 교리 그림과 '신천지 접근 체크 리스트'를 반복해서 교육해도 신천지의 미혹을 95% 이상 예방할 수 있을 것이다.

글을 마무리하고 보니 부족한 점이 많이 보인다. 신천지의 급소는 조만간 국민일보에서 출간될 진용식 한국기독교이단상담소협회장의 책으로 보완할 수 있을 것이다.

신천지 대처에 유용한 사이트

사이트	국민일보 미션라이프(missionlife.co.kr) 한국기독교이단상담소협회(jesus114.org) 신천지문제전문상담소 : 신현욱 목사(antiscj.or.kr) CBS(antiscj.cbs.co.kr) 교회와 신앙(amennews.com) 기독교포털뉴스(kportalnews.co.kr) 현대종교(hdjongkyo.co.kr)
블로그	주님바라기(blog.naver.com/knw1022) 선물을 드립니다(blog.naver.com/downwave) 의인구원(macodo777.blog.me/) 푸른하늘((blog.naver.com/bluesky05292) 오늘도 신나게(blog.naver.com/enjoy513)
카페	전국신천지피해자연대(cafe.naver.com/scj144000) 신천지대책 전국연합(cafe.naver.com/soscj)